JN445956

마이크로비트로 시작하는 초등 첫 코딩 프로젝트

코딩 입문

코딩 & 과학 동시에 잡는

CSI 코딩 수사대

권정민 · 권정아 · 전석주 지음

도서출판 홍릉

저자 약력

권정민

컴퓨터 교육에 관심이 많은 초등학교 교사입니다. 서울교육대학교에서 컴퓨터 교육 강의를 맡고 있습니다. 국립과천과학관에서 코딩 교육 프로그램을 개발하고 강의했습니다. 또한 창의적 체험활동 교사 연구회에서 코딩 교육 프로그램을 개발하고 강의했습니다.

권정아

과학 교육에 관심이 많은 초등학교 교사입니다. EBS 〈두근두근 방방〉에서 과학 자문을 맡았습니다. 국립과천과학관 과학 강사, 서울시 수학과학 우수교사 등의 경력이 있습니다. 저서(공저)로는 〈과알못도 문제없는 엄마표 과학놀이〉, 〈놀면서 똑똑해지는 두뇌발달 놀이백과〉가 있습니다.

전석주

서울교육대학교 컴퓨터교육학과 교수입니다. 컴퓨터과학 중 데이터 베이스의 한 분야인 데이터 마이닝을 전공하였습니다. 아이들을 위한 프로그래밍 교육에 많은 관심을 갖고 현직 선생님들과 협력하여 다양한 프로그래밍 교육 도구들을 개발하고 있습니다.

머리말

쉽고 재미있게 배우는 코딩과 과학

소프트웨어 중심 사회가 도래하며 우리는 각종 소프트웨어와 긴밀하게 연계된 삶을 살고 있습니다. 이러한 시대적 흐름에 맞춰 우리나라 초등 교육과정에서는 '소프트웨어 교육'을 의무화하였습니다. 소프트웨어 교육을 통해 '컴퓨팅 사고력'을 갖춘 미래 창의 인재를 육성하기 위해서입니다. 소프트웨어 교육은 논리적으로 사고하는 힘, 복잡한 문제를 비판적으로 바라보고 분석하는 힘, 창의적으로 사고하는 힘 등을 통해 급변하는 미래 시대에 탄력적으로 적응할 수 있게 도와줍니다. 이는 변화를 좇아가는 것이 아니라 변화를 주도하고 미래를 설계하는 인재로 자라날 수 있게 해줄 것입니다.

마이크로비트는 영국 BBC에서 초등학생들의 소프트웨어 교육을 위해 개발하여 영국 전역에 배포한 기기로 프로그래밍 입문자들이 쉽고 재미있게 코딩 학습을 할 수 있는 도구입니다. 기기 안에 내장된 각종 센서와 LED, 블루투스 기능 등을 활용하면 다양한 프로젝트를 만들어낼 수 있습니다. 그래서 처음 코딩에 도전하는 학생들도 쉽게 성취감을 느낄 수 있고, 난이도를 높여가며 자신의 창의력을 펼쳐나갈 수 있습니다.

이 책을 구성하며 중점을 둔 부분은 코딩과 과학을 쉽고 재미있게 접목시키는 것이었습니다. 그래서 학생들이 높은 흥미를 가지는 수사물과 만화를 활용했습니다. 흥미로운 스토리텔링을 통해 자연스럽게 코딩과 과학 문제에 접근하고, 코딩과 과학을 활용하여 미션을 해결하도록 하였습니다. 단계별 미션을 통해 점진적으로 코딩 실력을 높이고 과학 상상력을 키울 수 있도록 구성했습니다. 이 때 코딩과 과학 교육이 모니터 안과 교재 안에서만 이루어지는 것이 아니라 페이퍼 크래프트 메이킹, 과학 실험을 통해 손에 잡히는 입체적인 결과물을 만들어내고 이를 생활 속으로 연계시킬 수 있도록 하였습니다.

본 교재가 코딩과 과학 교육에 관심 있는 학생들, 아이의 '컴퓨팅 사고력'을 향상시키고 싶은 부모님들, 마이크로비트를 이용한 소프트웨어 교육을 연구하시는 선생님들께 도움이 되기를 바랍니다.

그럼 CSI 코딩 수사대 이야기를 통해 쉽고 재미있는 코딩과 과학의 세계로 떠나 볼까요?

저자 권정민 · 권정아 · 전석주

베타테스터 학습 후기

'CSI 코딩 수사대'라는 제목을 보고 코딩을 시작하기 전부터 기대감이 생겼어요. 프로젝트마다 만화로 도입을 해서 흥미로웠고요. 책에서 배운 내용을 바탕으로 다른 블록을 이용해서 내일은 더 재미있는 걸 만들어보고 싶어요. 도전 욕구가 마구 샘솟아요!

전형우 (서울잠동초등학교 4학년)

아이가 혼자서 계속 확장된 형태의 학습을 놀이로 여기면서 한두 시간씩 꼬박 앉아서 집중하는 모습을 볼 수 있었어요. 아이가 너무 재미있어해서 베타판이 아니라 정식 책이 나오면 바로 사려고 해요. 아이는 벌써 초급편에 이어 중급편, 고급편도 해보고 싶다고 하네요. 물론 주변에도 추천하고 싶어요.

전형우 부모님

하나의 프로젝트를 성공할 때마다 성취감이 느껴져서 기뻤어요. 작업 실행 결과를 led로 직접 확인하니까 엔트리보다 훨씬 실감 나고 재미있어요. 처음 배우는 친구들도 쉽고 재미있게 할 수 있을 것 같아요.

권지수 (서울신당초등학교 4학년)

엄마 입장에서 아이의 흥미도가 높고, 코딩만 하는 것이 아니라 종이 크래프트를 연계해서 더 좋았어요. 기본 코딩 부분과 심화 코딩 부분으로 미션 과제를 나눈 점도 좋았고요. 요즘 초등학교 수업이나 방과후 교실에서도 코딩 수업이 많이 이루어지는데, 엔트리나 스크래치만의 수업 구성 한계를 마이크로비트를 함께 이용해서 해결할 수 있을 것 같아요.

권지수 부모님

프로젝트마다 주제가 재미있었어요. 마이크로비트는 처음 사용해봤는데, 처음 시작 부분을 책을 따라서 천천히 해봤더니 그 다음부터는 보드에 실행하는 것을 다양하게 시도해볼 수 있었어요.

최서형 (목감초등학교 5학년)

아이가 스스로 이것저것 시도해보면서 코딩에 관심을 갖고 실력이 느는 모습을 볼 수 있었어요. 학교에서 다루지 않던 내용을 집에서 해보면서 코딩에 좀 더 다양하고 쉽게 접근할 수 있는 것 같아요. 과학 교과서와 연계된 과학 내용이 함께 들어가 있는 점도 좋았어요. 코딩 입문용으로 좋은 책이네요.

최서형 부모님

마이크로비트 코딩이 처음이었는데, 책을 순서대로 따라가며 하다 보니 스스로 알고리즘도 만들 수 있었어요. 내가 넣은 명령어대로, 컴퓨터와 연결이 되어 있지 않아도, 프로그램이 구현되는 것이 신기하고 재미있어요. 이 책을 친구들에게도 추천해주고 싶어요.

김서진 (위례초등학교 6학년)

초등학생 아이들이 코딩을 쉽게 시작할 수 있도록 이해하기 쉽게 설명한 책입니다. 만화와 캐릭터를 사용해서 아이들의 흥미를 유발하는 점도 좋았습니다. 아이가 코딩을 활용해서 자신만의 새로운 결과물을 만들며 열중하는 모습을 볼 수 있었습니다. 또한 평소에 해보지 않았던 과학실험도 소개되어 있어서 가정에서 아이와 함께 해보기 좋았습니다.

김서진 부모님

책의 구성과 활용법

1. 코딩 수사대 준비하기

이 프로젝트에서 학습할 내용과 사용할 마이크로비트 기능을 알아봐요.

2. 출동 코딩 수사대

재미있는 만화로 그려진 코딩 수사대 이야기를 보고 문제를 알아봐요.

과학 교과서와 연계된 〈찾았다! 과학 단서!〉로 문제 해결의 실마리를 찾아요.

3. 코딩 미션 해결하기 미션 1

미션을 해결하기 위한 알고리즘을 작성하고, 메이크코드로 프로그래밍해요.

코딩 미션 해결하기 미션 2

두번째 미션을 통해 코딩 사고력을 한 단계 up! 시켜요.

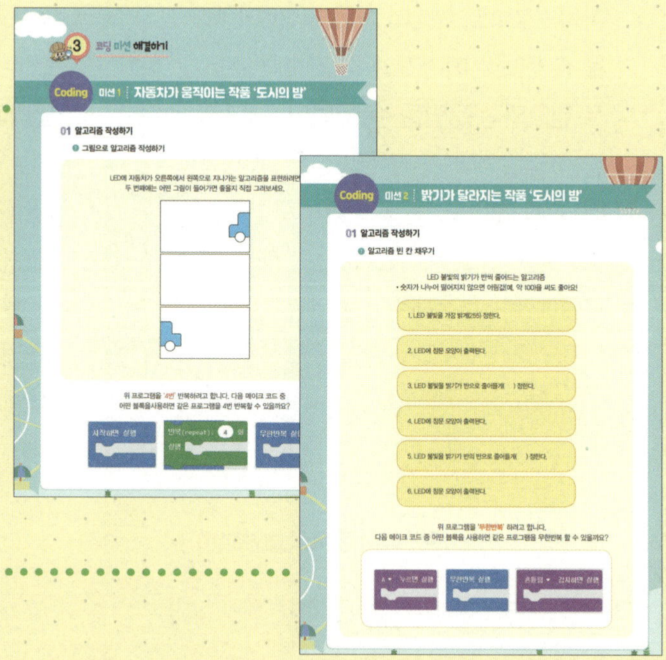

4. 페이퍼 크래프트 메이킹

수록된 종이 도안을 이용하여 작품을 만들어요. 페이퍼 크래프트와 마이크로비트를 조립하면 멋진 코딩 작품이 완성돼요.

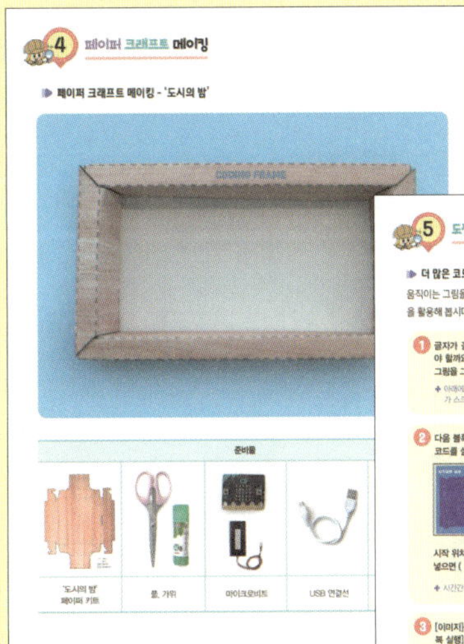

5. 도전 코딩마스터

자신감 쑥쑥! 더 어려운 문제를 풀고 싶을 때 도전하는 심화 코딩 문제에요.

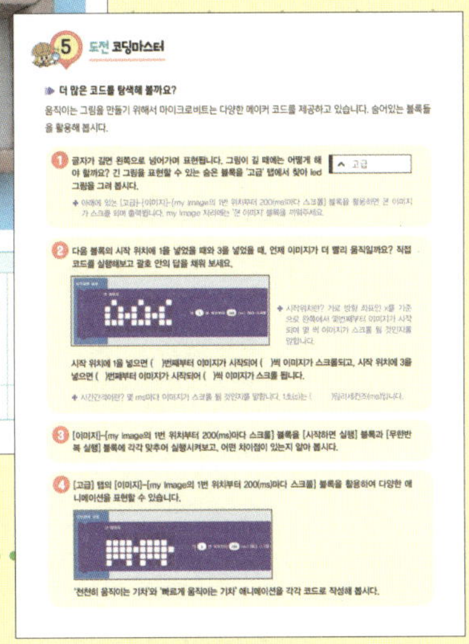

6. 도전 과학 실험왕

문제 해결의 실마리가 되었던 과학 단서와 관련된 과학 실험이에요. 집에서도 쉽게 할 수 있어요.

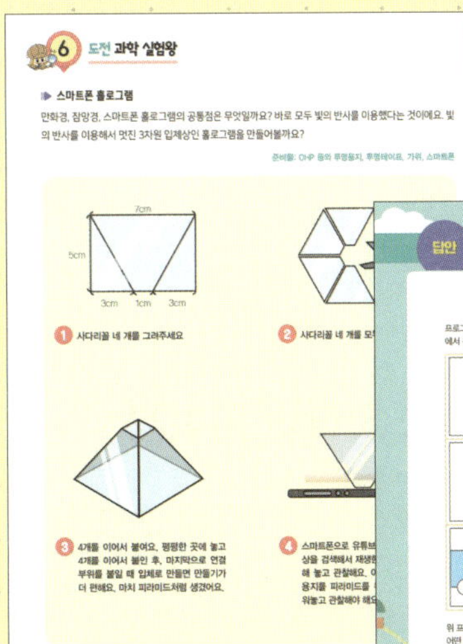

답안

프로젝트 문제를 잘 해결했는지 예시 답안을 확인해요.

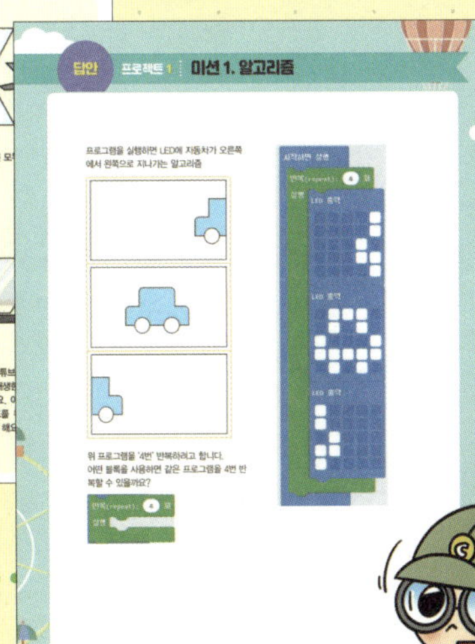

목차

캐릭터 소개

코마

- CSI 코딩 수사대 요원
- 공감 능력이 뛰어나고, 따뜻한 성품을 지님
- 사건 해결을 위해 범인의 심리도 꿰뚫어보는 특수 요원

코빗

- CSI 코딩 수사대 요원
- IQ 180의 멘사 회원이자 계획적이고 치밀한 성격의 소유자
- 아주 작은 단서조차도 놓치지 않는 특수 요원

코딩 & 마이크로비트 세계로

1 코딩이란 무엇인가요?

주변을 살펴보세요. 엘리베이터, 신호등, 세탁기, 스마트 냉장고와 전자레인지까지 컴퓨터가 이용되는 곳이라면 코딩이 꼭 필요합니다. 여러분이 좋아하는 스마트폰과 컴퓨터의 여러 가지 프로그램, 어플리케이션도 모두 코딩을 통해 만들어졌어요.

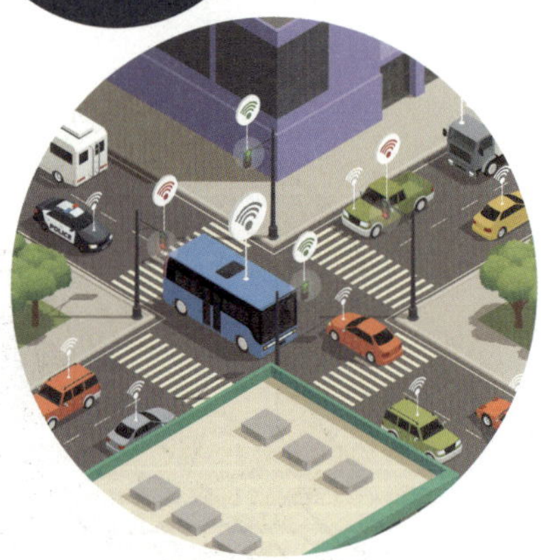

코딩이란, 컴퓨터에게 일을 시키기 위해 컴퓨터가 이해할 수 있는 프로그래밍 언어로 명령을 내리는 것을 말해요. 코딩을 한다는 것은 사람과 컴퓨터가 대화하는 것과 같아요. 하지만 컴퓨터는 사람의 말을 알아듣지 못하고 0과 1로 표현된 '기계어' 코드만 이해합니다. 처음에는 사람들이 프로그램을 만들기 위해 기계어 코드를 작성해서 컴퓨터에게 명령을 내렸지만 너무 복잡하고 힘들었죠. 그래서 컴퓨터 과학자들은 사람들이 사용하기 쉬운 '프로그래밍 언어'를 만들었어요. 사람들이 프로그래밍 언어로 코딩을 하면, 이 내용을 번역해주는 '컴파일러'라는 프로그램이 0과 1의 기계어로 바꾸어 준답니다. 사람과 컴퓨터가 편하게 대화할 수 있게 된 것이죠.

코딩은 프로그래밍 언어를 문법에 맞게 기록해서 우리에게 필요한 프로그램을 만드는 과정입니다!

사람들이 사용하는 프로그래밍 언어는 파이썬, 자바, C언어 등 다양한 종류가 있어요. 그리고 초급자를 위한 교육용 프로그래밍 언어인 스크래치, 엔트리도 있죠. 마이크로비트를 작동시키기 위해 사용하는 프로그래밍 언어는 메이크코드(makecode), 자바 스크립트, 스크래치, 엔트리, 버드블록스(birdblox) 등이 있습니다.

우리가 원하는 모든 것을 만들어주는 코딩의 세계로 들어가 봅시다!

2 마이크로비트는 무엇인가요?

마이크로비트는 간단히 말하면 '미니 컴퓨터'입니다. 마이크로비트는 마이크로소프트, 삼성전자, 영국 공영 방송국 BBC 등의 단체들이 수년간의 연구를 통해 개발하였습니다. 프로그래밍이 가능한 입/출력 모듈을 가지고 있는 초소형 컴퓨터라고 볼 수 있죠. 영국에서는 2016년부터 마이크로비트를 이용한 코딩 교육을 진행하고 있고, 2017년부터는 미국과 캐나다에서도 마이크로비트를 도입하였습니다. 최근에는 우리나라에서도 코딩 교육을 위해 마이크로비트가 활용되고 있어요.

전 세계가 주목하는 마이크로비트! 어떻게 구성되어 있는지 살펴볼까요?

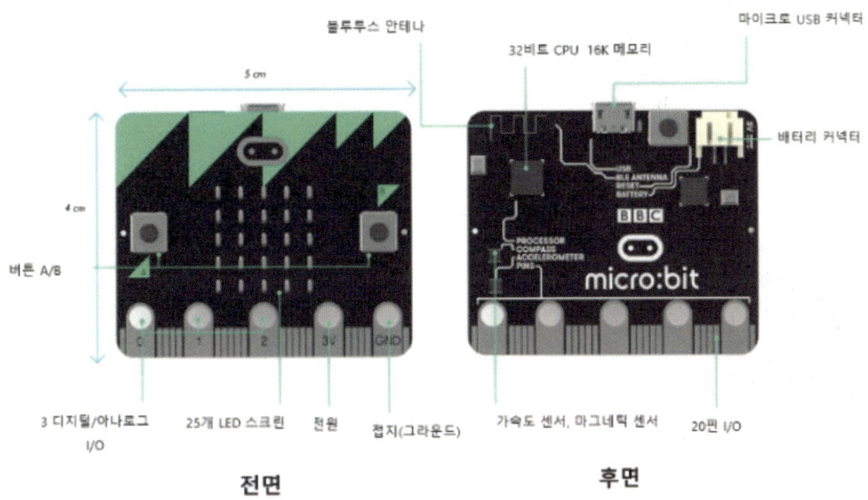

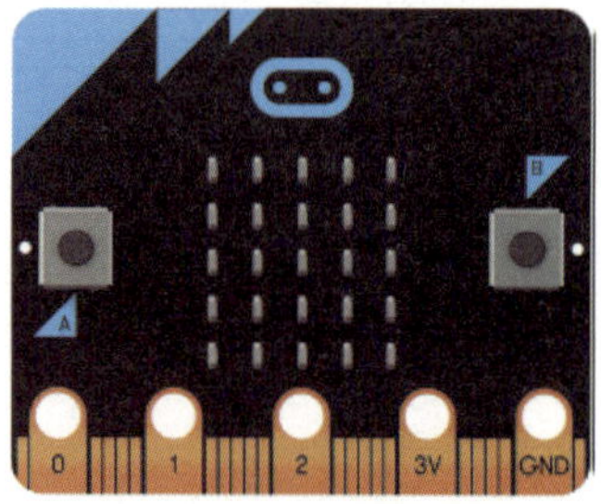

LED 매트릭스

가로 5개, 세로 5개 총 25개의 LED는 모두 각각 프로그래밍이 가능하며 LED를 통해서 문자, 숫자, 그림을 표현할 수 있습니다.

빛 센서

LED 스크린을 빛 센서처럼 사용할 수 있고, 주변의 빛 밝기lw를 측정하는데 사용할 수 있습니다.

A/B버튼

A버튼을 눌렀을 때, B버튼을 눌렀을 때, A버튼과 B버튼을 동시에 눌렀을 때의 3가지 경우를 나누어서 코딩할 수 있습니다.

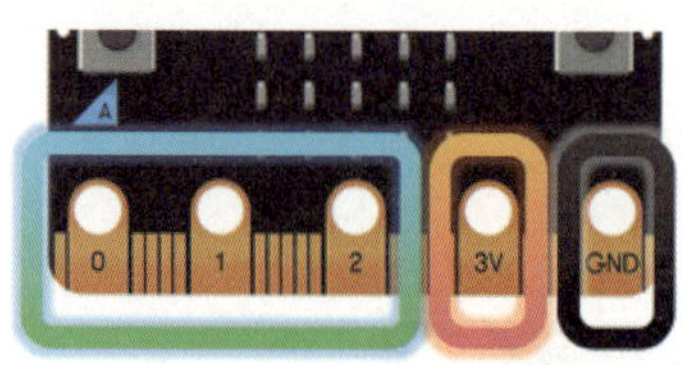

디지털/아날로그 입출력 단자, 전원포트

5개의 링 단자는 프로그래밍 제어가 가능한 'P0, P1, P2'의 3개 단자와 전원이 출력되는 +극의 '3V', 접지 역할을 하는 −극의 'GND'단자로 구성되어 있습니다.

20개의 에지 확장 단자를 사용하려면 별도의 확장 커넥터가 필요합니다.

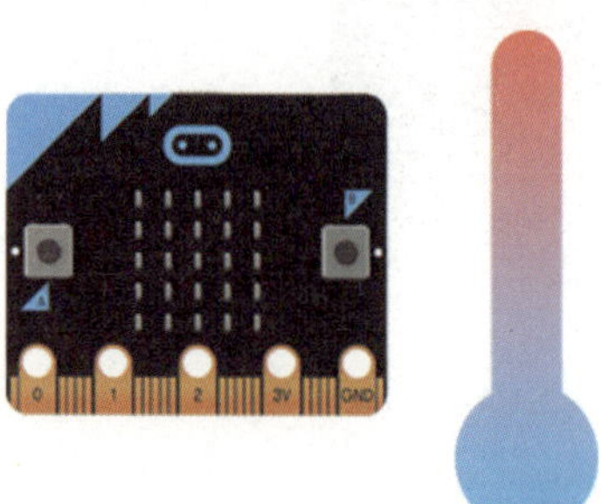

온도 센서

온도를 재고 싶은 물체와 마이크로비트를 접촉시켜 보세요!

특정 물체를 접촉시키지 않는다면 대기의 온도(기온)를 잴 수 있습니다.

가속도 센서
가속도 센서를 이용하면 마이크로비트의 기울기, 흔들림, 속도 등을 감지할 수 있습니다.

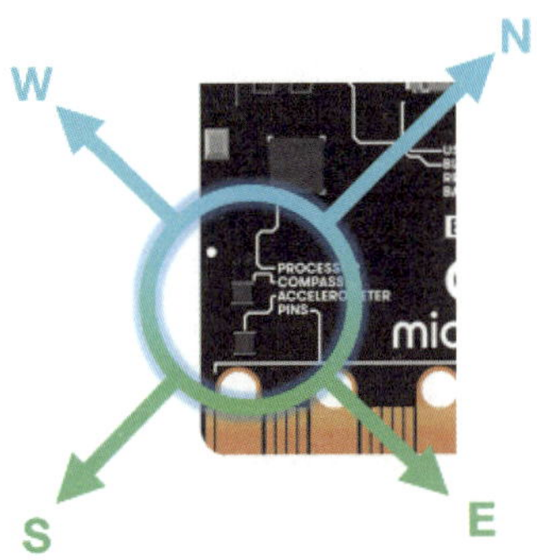

나침반(자기) 센서
나침반(자기) 센서는 지구 자기장을 감지할 수 있습니다.
지구의 자성을 이용해 동서남북 같은 방위를 알 수 있습니다.

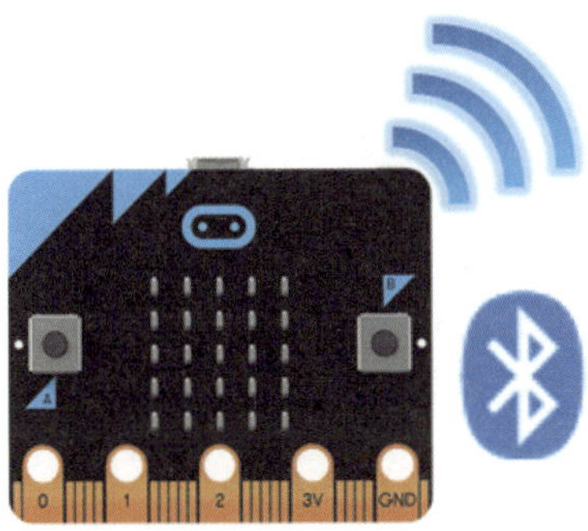

블루투스
블루투스는 전선을 사용하지 않고 전파를 이용해 정보를 전달하는 무선 통신 방식입니다. 블루투스 기능을 이용하면 마이크로비트를 핸드폰, PC, 태블릿 등과 연결하여 통신할 수 있습니다. 마이크로비트에서는 라디오 블록을 통해 마이크로비트 끼리도 서로 통신할 수 있습니다.

마이크로비트로 무엇을 할 수 있을까요? LED를 이용한 손전등을 만들 수도 있고, 가속도 센서를 이용한 만보기를 만들 수도 있고, 라디오 기능을 이용한 주차장 알리미도 만들 수 있습니다. 마이크로비트는 자바스크립트, 파이썬 같은 프로그래밍 언어를 지원해요. 어린이들이 쉽게 코딩 할 수 있도록 스크래치 같은 블록형 언어인 메이크 코드(Makecode)도 지원해요. 집이나 학교에 있는 컴퓨터를 사용하여 코딩할 수도 있고, 스마트폰이나 태블릿 PC를 이용해서도 코딩할 수 있습니다.

3 마이크로비트 코딩 알기

꼭 필요한 준비물

준비물 : 마이크로비트, USB 연결선, 배터리홀더, AAA건전지 2개, PC 또는 스마트 기기

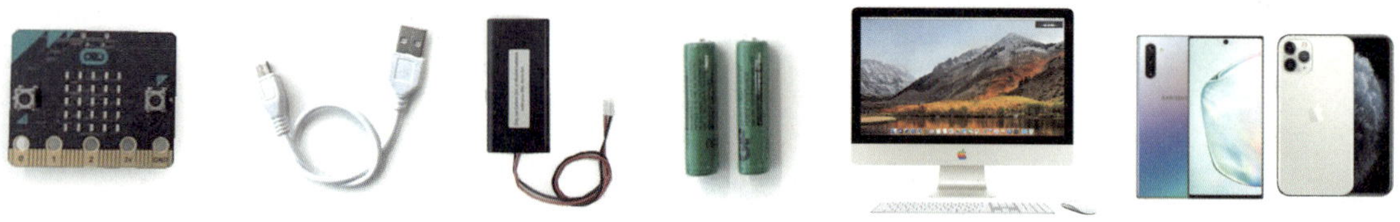

PC 기반(웹 사이트 이용)

1 웹 브라우저를 실행하고 주소창에 메이크코드 (https://makecode.microbit.org) 주소를 입력한 뒤 새 프로젝트를 클릭합니다.

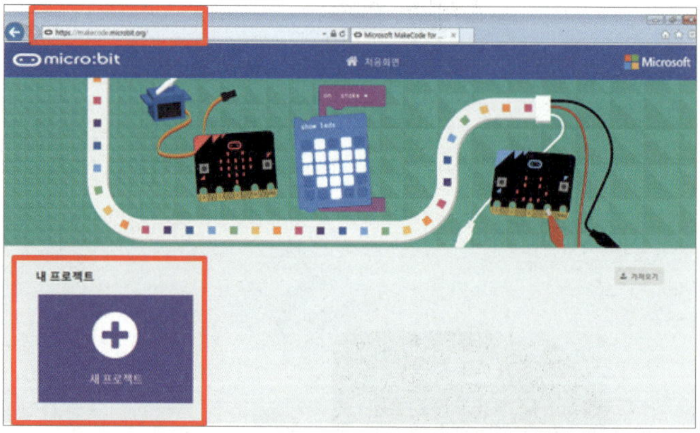

2 오른쪽 맨 위 '더보기'–'언어 선택'에서 '한국어'를 선택합니다.

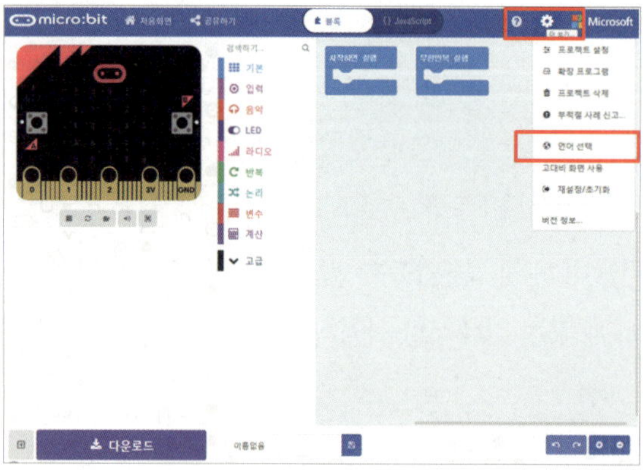

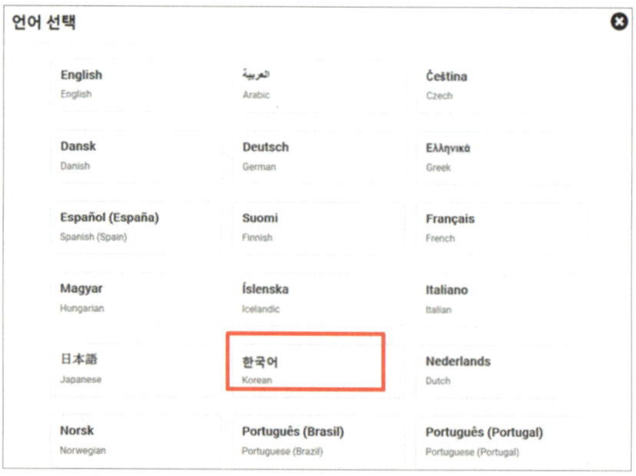

✚ 웹 브라우저는 크롬 브라우저(Chrome)를 사용하는 것이 더욱 좋습니다.

3 블록 상자에서 원하는 블록을 드래그-앤-드롭(drag-and-drop) 하여 차례차례 붙입니다.

드래그-앤-드롭은 파일의 위치를 옮기거나 복사할 때 자주 써요. 원하는 파일을 클릭한 후 마우스에서 손가락을 떼지 않고 원하는 곳으로 그대로 끌고 온 뒤 손가락을 떼면 돼요!

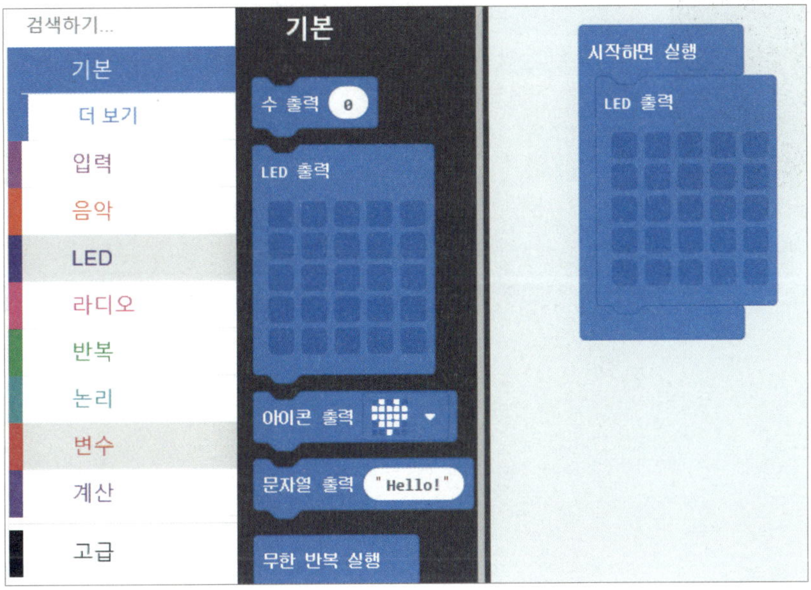

• 블록을 연결하는 방법

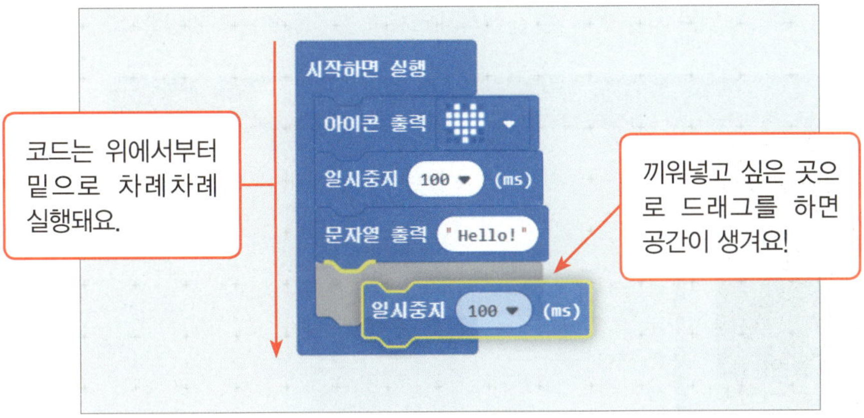

• 필요 없는 블록들은 휴지통으로 드래그-앤-드롭 하여 삭제할 수 있습니다.

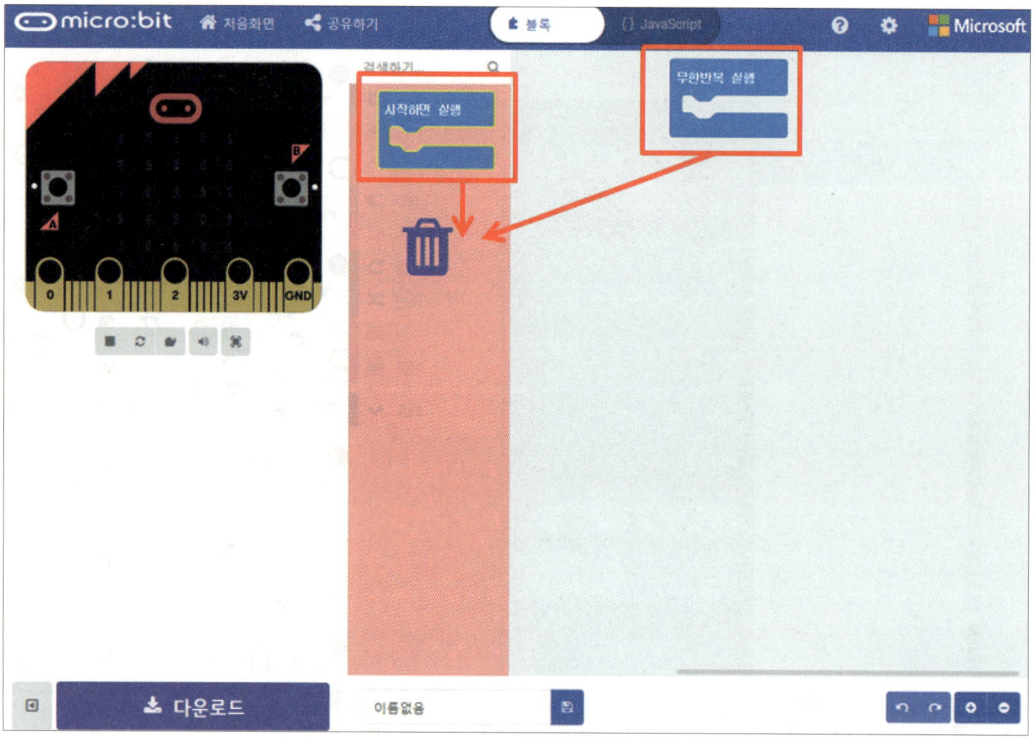

4 필요한 블록을 모두 쌓고, 왼쪽에 있는 시뮬레이터를 실행시켜 코드가 잘 작동하는지 확인합니다.

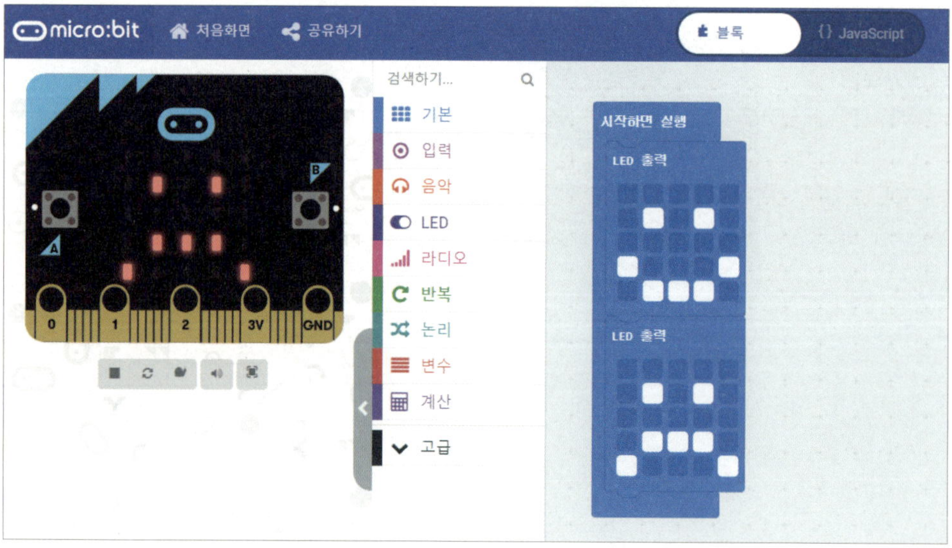

5 마이크로비트를 컴퓨터와 연결합니다.
마이크로비트와 컴퓨터를 USB로 연결시키면 MICROBIT 드라이브가 생성됩니다.

6 파일이름을 알맞게 바꾸고 저장 버튼을 누릅니다.

※ 버튼 또는 다운로드 을 누르면 저장이 됩니다. 편한 버튼을 눌러 저장해 보세요.

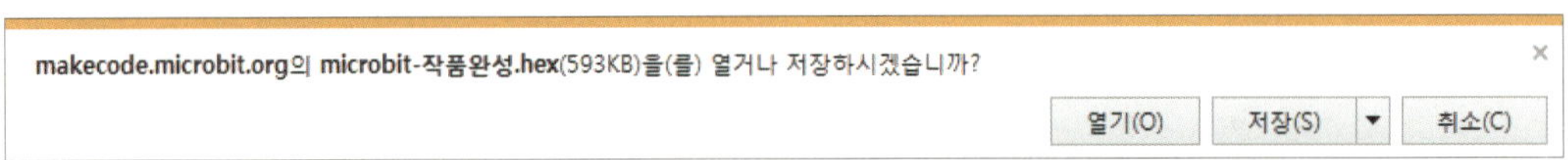

※ 위 버튼을 누르고 '다른 이름으로 저장' 기능을 사용하면 저장할 위치를 정할 수 있습니다.

7 저장된 파일의 위치를 확인합니다.

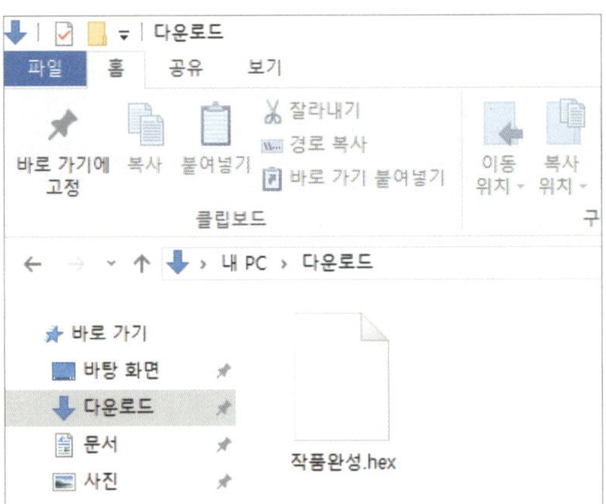

8 다운로드한 .hex 파일을 마이크로비트 드라이브로 드래그-앤-드롭 합니다.

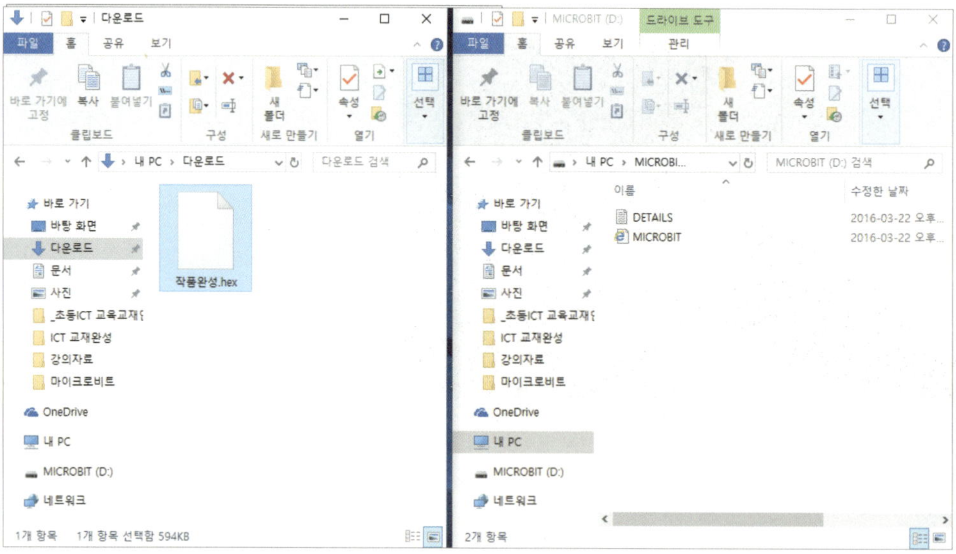

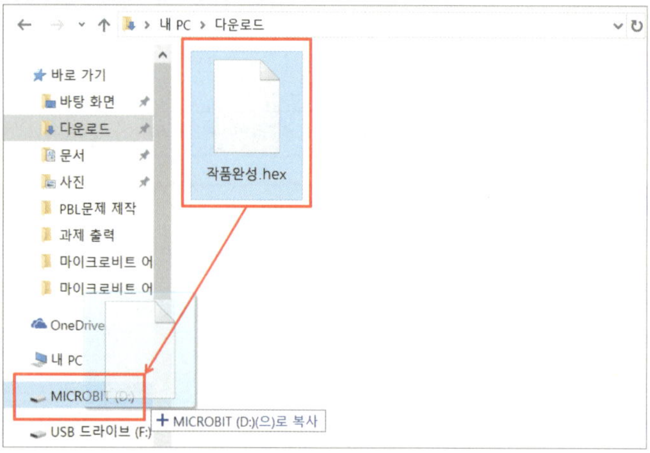

9 마이크로비트가 정상적으로 작동되는지 확인합니다.

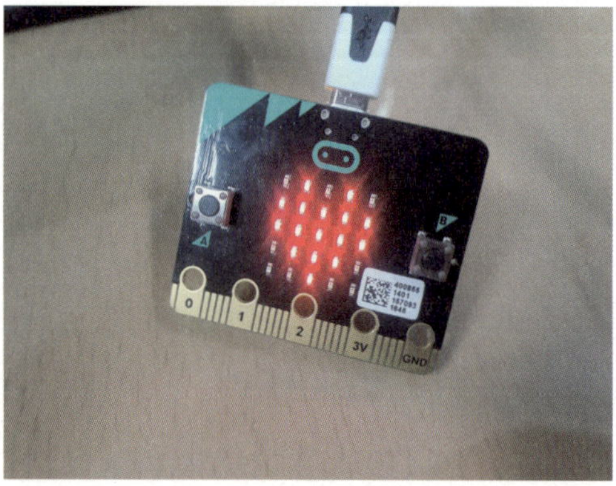

✚ 마이크로비트에서 코드가 작동되는 모습

스마트폰 또는 태블릿PC

1. 웹 브라우저를 실행하고 주소창에 메이크코드 (https://makecode.microbit.org) 주소를 입력한 뒤 새 프로젝트를 클릭하고 한국어로 언어 설정을 하면 동일하게 사용할 수 있습니다.

✚ 실제 안드로이드 스마트폰의 작동 모습입니다.

마이크로비트 오류 대처법

방법① 뒷면에 USB 커넥터와 배터리 커넥터 사이에 있는 '리셋 버튼'을 눌러보세요.

방법② USB를 뺐다가 다시 연결하고 코드를 다시 받아 주세요.

방법③ 펌웨어를 최신 버전으로 업데이트해요.

https://microbit.org/get-started/user-guide/firmware/

방법④ 코드를 다운받는 중에 마이크로비트의 뒷면이 깜빡이는지 확인해주세요. 깜빡이지 않는다면 마이크로비트나 USB 연결선이 불량일 수 있어요.

프로젝트 1

움직이는 미술작품 '도시의 밤'

CSI 코딩 수사대로 걸려온 한 통의 전화.
한국 미술관의 가장 유명한 미술품 '도시의 밤' 이 도난당했어요!
코빗과 코마는 미술관으로 출동하여 수사를 시작하는데...

움직이는 그림인 '도시의 밤'을 직접 만들어볼까요?

프로젝트 1 움직이는 미술작품 '도시의 밤'

1 코딩 수사대 준비하기

1 무엇을 배워볼까요?

학습 주제	25개 LED를 통해 움직이는 미술작품 만들기
관련 프로그래밍 요소	순차, 반복
컴퓨팅 사고력	문제 분해, 추상화, 알고리즘
프로젝트 성취 기준	실과 프로그래밍 도구를 사용하여 기초적인 프로그래밍 과정을 체험할 수 있다. 과학 빛의 반사와 잔상효과의 과학적 개념을 이해하고 응용할 수 있다.
초등 교육과정 핵심 역량	지식 정보 처리 역량, 창의적 사고 역량, 심미적 감성 역량

2 사용하는 기능 알기

LED

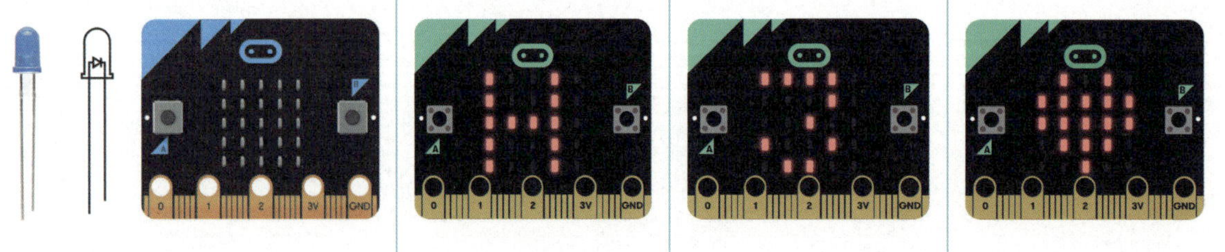

LED는 'Light Emitting Diode'의 줄임말로 '발광(빛이 나는) 다이오드'라는 뜻입니다. 발광 다이오드는 전류가 흐르면 빛을 내는 조명입니다.

마이크로비트의 앞면에는 가로 5개, 세로 5개의 총 25개 LED가 내장되어 있습니다. 25개 LED는 각각 프로그래밍이 가능하며 LED를 통해서 문자, 숫자, 그림을 표현할 수 있습니다.
또한 프로그래밍을 통해 LED의 밝기를 0(꺼짐)부터 255(최대 밝기)까지 조절할 수 있습니다.

2 출동 코딩 수사대

Episode #1 미술품이 도난당했다!

+ 찾았다! 과학 단서!

빛의 반사

우리가 물체를 볼 때 필요한 빛! 빛은 여러 가지 성질을 가지고 있어요. 그 중에서 빛이 나아가다가 물체와 부딪치면서 빛의 방향이 바뀌는 성질을 '빛의 반사'라고 한답니다. 우리가 거울을 볼 때를 생각해보아요. 빛이 거울 표면에서 반사되어 우리 눈으로 들어오기 때문에 우리는 거울을 이용해서 우리 모습을 볼 수 있답니다. 거울뿐만 아니라 유리창, 잔잔한 수면 등에서도 빛의 반사 현상을 볼 수 있어요.

+ 찾았다! 과학 단서!

잔상 효과

불빛을 한참 바라본 후 눈을 감았을 때, 불빛을 눈앞에서 보고 있는 것처럼 느낀 적이 있나요? 방금 전에 본 것이 그 다음에 본 것과 겹쳐서 보이게 되는 현상을 잔상 효과라고 해요. 잔상 효과를 이용한 예가 바로 우리 친구들이 좋아하는 애니메이션입니다. 애니메이션은 1초에 수십 장의 그림을 연속으로 보여줍니다. 그림 한 장, 한 장은 모두 정지해있어요. 하지만 정지된 그림들을 연속으로 빠르게 보게 되면 우리 눈에는 마치 그림이 살아 움직이는 것처럼 보이게 된답니다.

아니…
저건!
왜그래?
휙-
그래! 그거야!
잔상 효과를 이용한
작품이야!
깜짝이야!
들썩
들썩
이게
잔상 효과 였구나~
이제
알겠지?
잔상 효과를 이용한
미술품이 도난 당했다…
이제 본격적으로
범인을 추리해
볼까?
잔상효과
범인
why?
톡톡
우리는~
휘리릭~
출동! CSI
코딩 수사대!

3 코딩 미션 해결하기

Coding 미션 1 ⋮ 자동차가 움직이는 작품 '도시의 밤'

01 알고리즘 작성하기

❶ 그림으로 알고리즘 작성하기

LED에 자동차가 오른쪽에서 왼쪽으로 지나가는 알고리즘을 표현하려면
두 번째에는 어떤 그림이 들어가면 좋을지 직접 그려보세요.

위 프로그램을 '4번' 반복하려고 합니다. 다음 메이크 코드 중
어떤 블록을사용하면 같은 프로그램을 4번 반복할 수 있을까요?

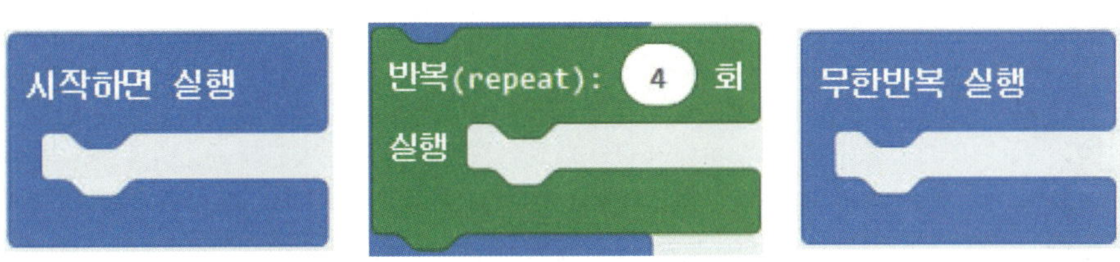

② 블록으로 알고리즘 살펴보기

다음은 마이크로비트를 작동시키기 위한 메이커 블록입니다. 위의 알고리즘에 맞는 메이커 블록을 맞춰 보세요.

- 시작하면 실행한다.
- 다음 명령을 4번 반복한다.
- 자동차가 오른쪽에 있는 모습이 LED에 출력된다.
- 자동차가 가운데에 있는 모습이 LED에 출력된다.
- 자동차가 왼쪽에 있는 모습이 LED에 출력된다.

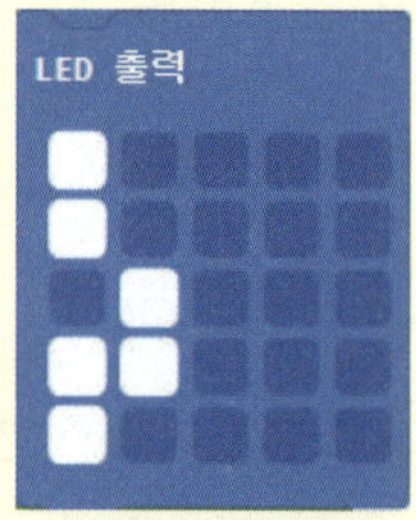

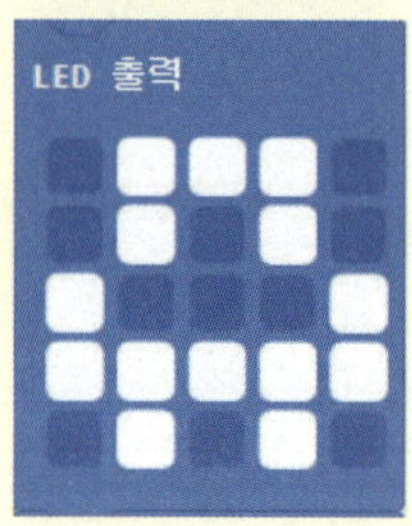

반복문이란?

반복은 같은 일을 되풀이 하는 것을 뜻합니다. 학교 종이 땡땡땡~ 학교 종을 사람이 친다고 생각해 볼까요? 등교시간부터 하교시간까지 시계만 보며 힘들게 일하고 있겠죠? 하지만 컴퓨터는 이와 같이 되풀이하는 것을 아주 잘합니다. 시간을 정하고 종소리를 선택한 후 반복 명령만 내려주면 매일 정해진 시간에 종소리를 울려줍니다. 컴퓨터의 반복은 어떤 조건이 만족될 때까지 반복할 수도 있으며, 특정 횟수만큼 반복, 무한히 반복 시킬 수도 있습니다.

◆ 코딩하기 전에 블록기능을 알아봐요

기본 카테고리

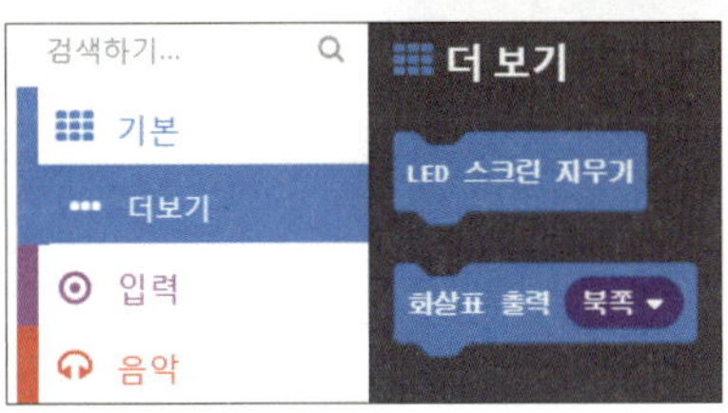

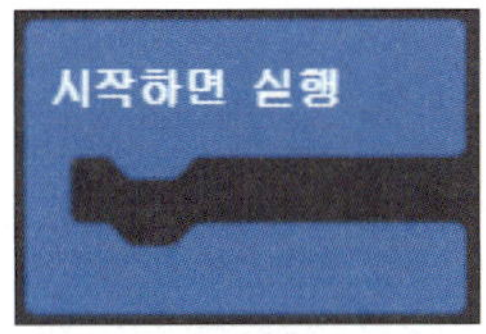

프로그램이 시작하면 블록들이 차례대로 실행됩니다.

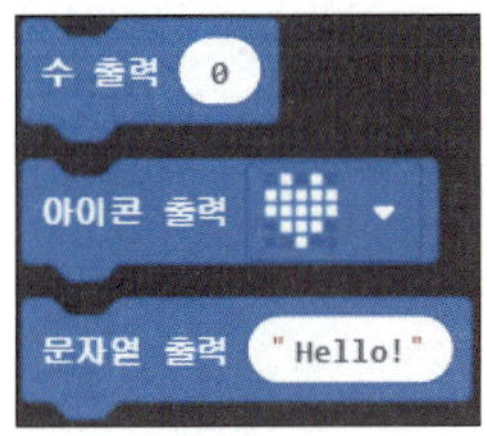

숫자, 아이콘, 문자가 LED 매트릭스에 나타납니다.

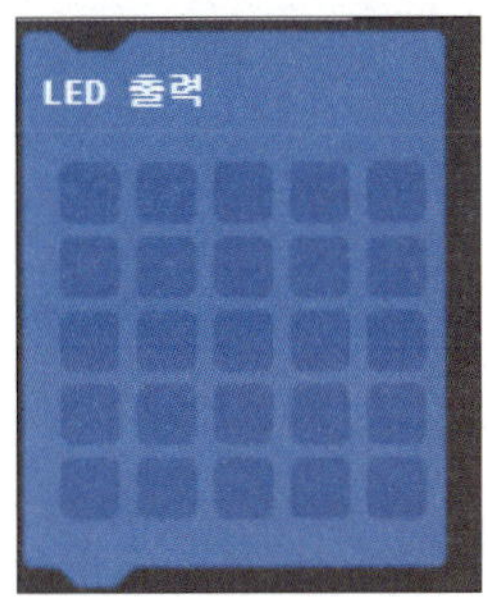

25개의 LED 매트릭스를 직접 설정할 수 있습니다.

무한 반복 실행 안에 있는 블록들이 계속 반복되어 실행됩니다.

일정 시간 동안 멈춥니다.

LED 매트릭스에 나타난 내용을 지웁니다.

동/서/남/북 등의 화살표가 LED매트릭스에 나타납니다.

반복 카테고리

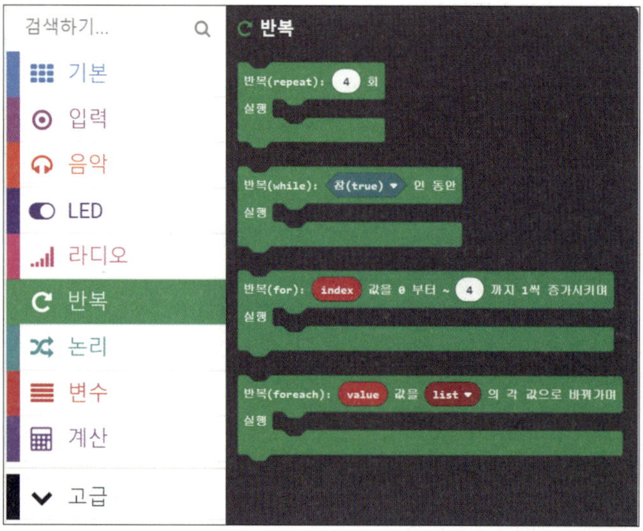

○안에 입력한 숫자만큼 블록 안에 있는 명령 블록들을 반복해서 실행합니다.

◇안의 조건에 맞는 경우까지 블록 안에 있는 명령 블록들을 반복해서 실행합니다.

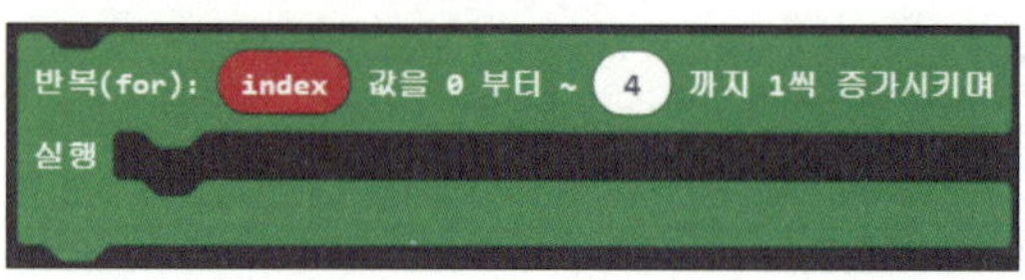

0부터 입력한 숫자의 값까지 변수 값이 증가하면서 안에 있는 명령 블록들을 반복해서 실행합니다.

배열(Array)의 요소 수만큼 반복해서 각각의 배열의 요소에 접근할 수 있도록 합니다.

[기본] 카테고리에서 제공되는 블록으로 안에 있는 명령 블록들을 계속 반복해서 실행합니다.

02 코딩하기

눌러서 숫자를 바꿀 수 있어요!

1 '반복' – '반복 (4)회 실행' 블록을 준비합니다.
이 블록 사이에 넣는 블록들을 앞으로 4번 반복시킬 수 있습니다.

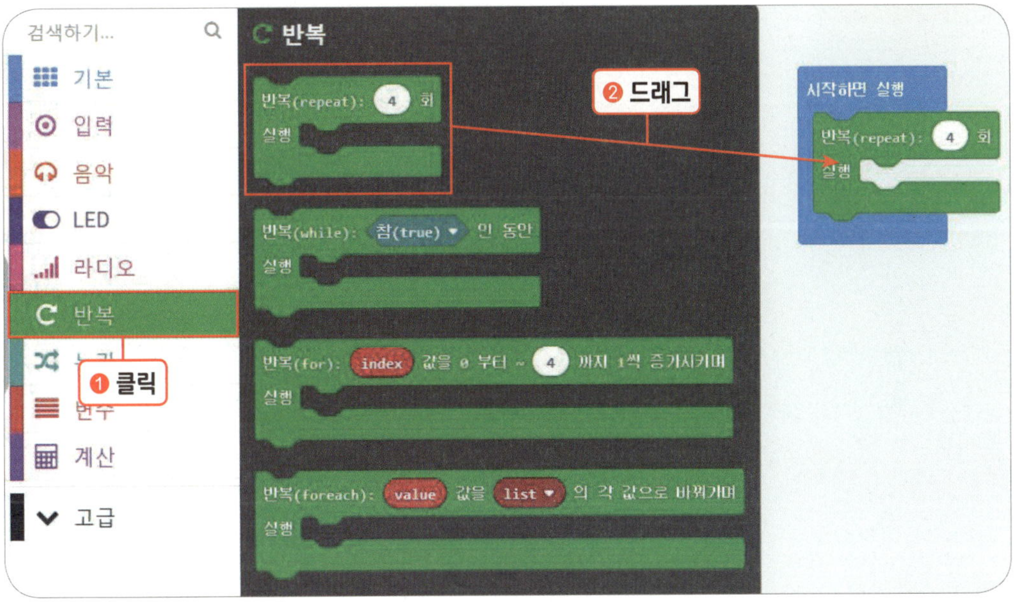

2 '기본' – 'LED 출력' 블록을 사용하여 자동차가 오른쪽에 있는 모양을 그려 줍니다.
LED 출력 블록은 각각의 LED 위치를 클릭하여 불을 켜거나 끌 수 있습니다.

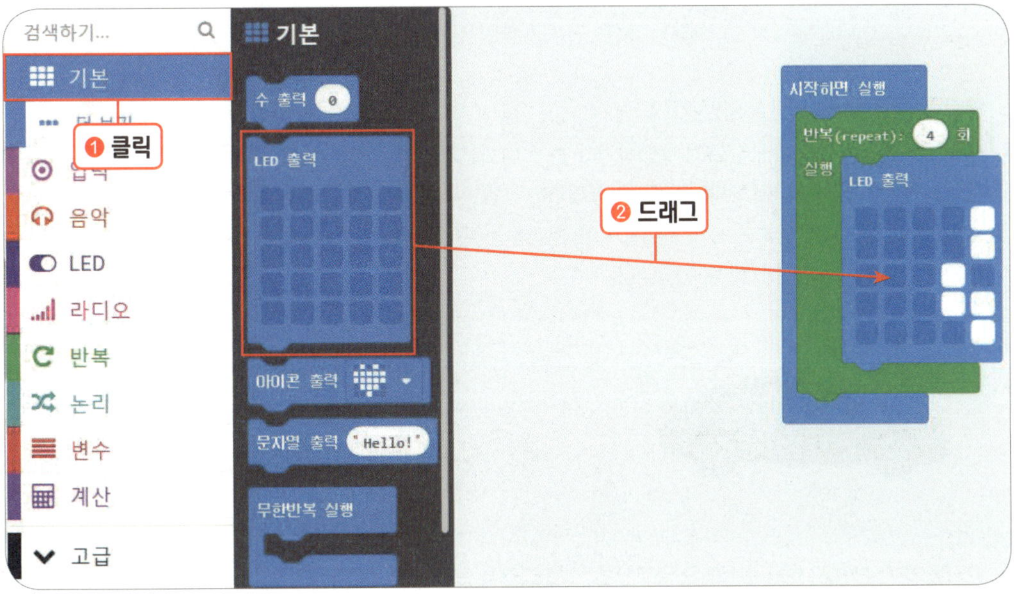

3 '기본' – 'LED 출력' 블록을 차례대로 쌓아 줍니다. 위에 있는 블록이 먼저 실행되는 것을 주의하세요!

컴퓨팅 사고력

추상화(Abstraction)란 무엇인가요?

추상화는 복잡한 것들을 간단하게 설명하거나 쉽게 이해하기 위해 하는 단순화 과정입니다. 다른 사람들도 인정할 수 있는 대표적이고 중요한 특징만으로 표현하는 것입니다.

예를 들어, 지금은 자동차의 실제 모습을 단순화하여 그림으로 표현하고, 더 단순화시켜 LED로 나타낼 수 있게 만드는 과정이 추상화라고 할 수 있습니다.

코딩을 하기 전에 흐름을 순서도나 글로 적어 알고리즘을 표현하는 과정도 모두 추상화 과정이에요! 코딩을 위해 필요한 핵심 내용만 간단하게 정리하는 것이니 말이죠.

Coding 미션 2 ⋮ 밝기가 달라지는 작품 '도시의 밤'

01 알고리즘 작성하기

❶ 알고리즘 빈 칸 채우기

LED 불빛의 밝기가 반씩 줄어드는 알고리즘

• 숫자가 나누어 떨어지지 않으면 어림값(예. 약 100)을 써도 좋아요!

1. LED 불빛을 가장 밝게(255) 정한다.
2. LED에 창문 모양이 출력된다.
3. LED 불빛을 밝기가 반으로 줄어들게(   ) 정한다.
4. LED에 창문 모양이 출력된다.
5. LED 불빛을 밝기가 반의 반으로 줄어들게(   ) 정한다.
6. LED에 창문 모양이 출력된다.

위 프로그램을 **'무한반복'** 하려고 합니다.
다음 메이크 코드 중 어떤 블록을 사용하면 같은 프로그램을 무한반복 할 수 있을까요?

❷ 블록으로 알고리즘 살펴보기

다음은 마이크로비트를 작동시키기 위한 메이커 블록입니다. 위의 알고리즘에 맞는 메이커 블록을 맞춰 보세요.

- 다음 명령을 무한반복 실행한다. •
- LED 불빛을 가장 밝게 (255) 정한다. •
- LED 불빛의 밝기가 반으로 줄어들게(128) 정한다. •
- LED 불빛의 밝기가 반의 반으로 줄어들게(64) 정한다. •
- LED에 창문 모양이 출력된다. •

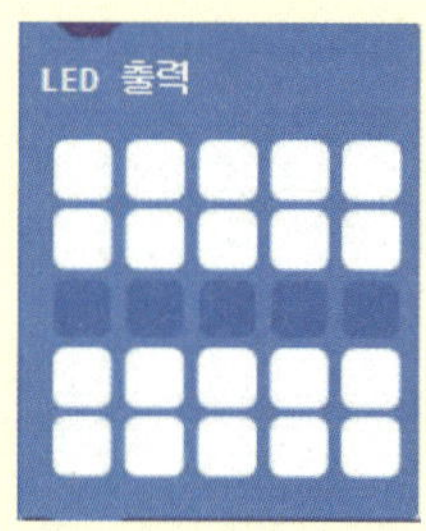

순차 구조란?

종이 접기를 해 본 적 있나요? 종이 접기 순서도의 차례에 맞게 종이를 접으면 멋진 작품이 완성되죠. 이와 마찬가지로 알고리즘을 작성하고 코딩을 할 때에도 명령어를 순서대로 작성해야 합니다. 컴퓨터는 순서대로 작성된 명령어를 보고 먼저 작성된 명령어부터 실행한 뒤, 그 다음 명령들을 차례차례 실행한답니다. 블록 코딩을 할 때에는 명령어 블록을 위에서 아래로 순서대로 놓아야 원하는 프로그램을 만들 수 있어요!

1 '기본' – '무한반복 실행' 블록을 준비합니다.

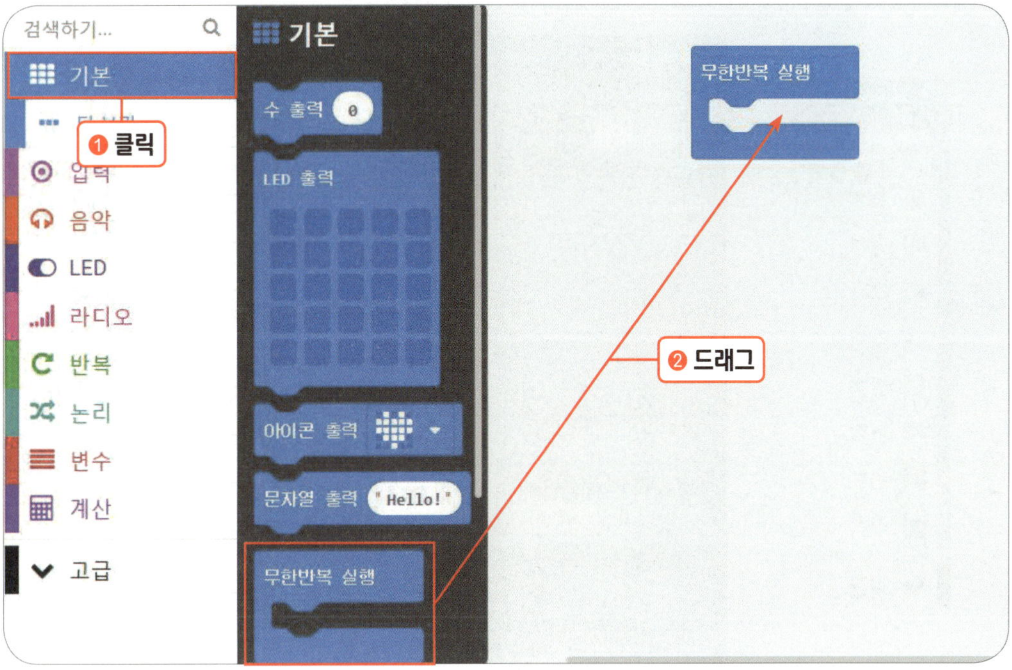

2 'LED' – 'more' – 'LED 스크린 밝기 설정' 블록을 사용하여 LED를 가장 밝은 255로 설정해 줍니다. 숫자를 누르면 밝기의 정도를 눈으로 볼 수 있습니다.

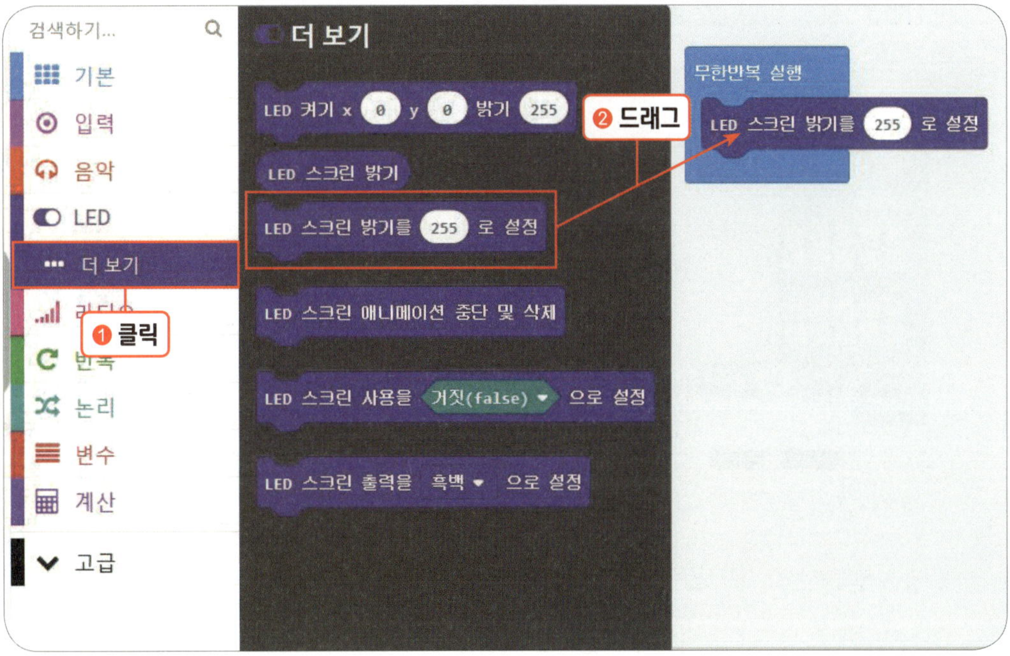

3 '기본' – 'LED 출력' 블록을 사용하여 빌딩의 창문 모양을 그려줍니다.
LED 출력 블록은 각각의 LED 위치를 클릭하여 불을 켜거나 끌 수 있습니다.

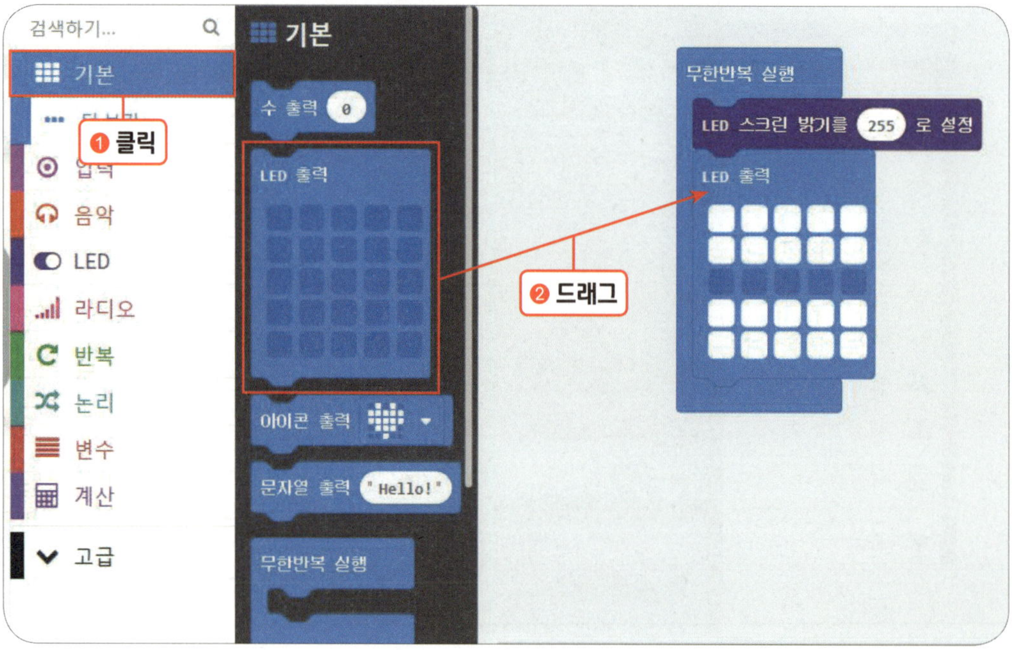

4 'LED' – 'more' – 'LED 스크린 밝기 설정' 블록을 사용하여 LED를 255의 반인 127 또는 128로 설정해 줍니다.

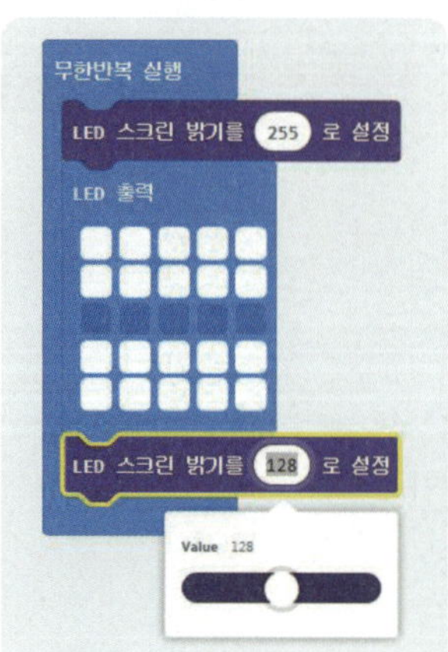

5 같은 빌딩 창문 모양 블록이 필요하므로, 기존 블록을 '복사' 하여 넣어줍니다.

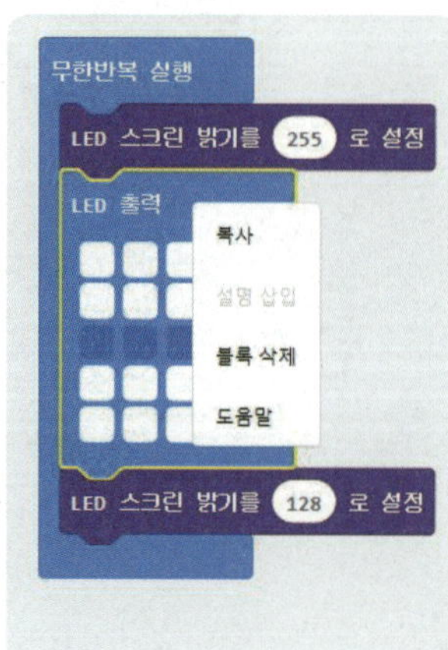

애니메이션을 더 천천히 움직이게 하고 싶다면, [LED 출력] 블록 사이에 [일시중지] 블록을 넣어주면 돼요.

일시중지 블록의 단위는 ms에요! milli second는 0.001초를 의미하죠. 1s(1초) = 1000ms

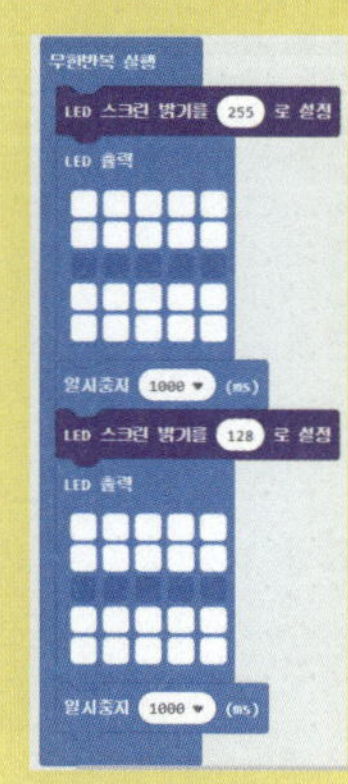

4 페이퍼 크래프트 메이킹

페이퍼 크래프트 메이킹 - '도시의 밤'

준비물				
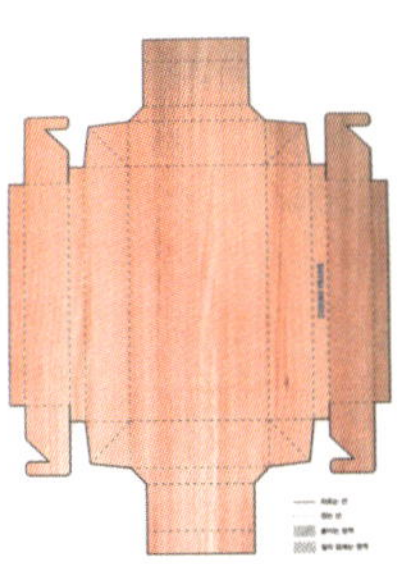	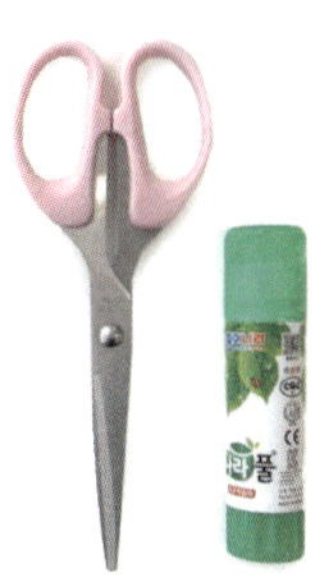	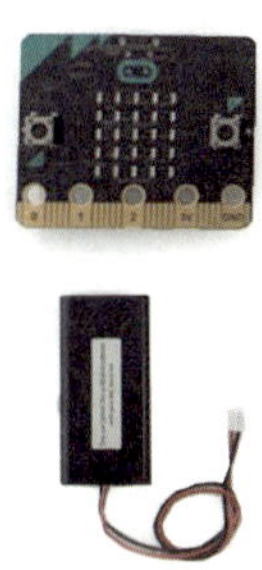		
'도시의 밤' 페이퍼 키트	풀, 가위	마이크로비트	USB 연결선	배터리

1 '도시의 밤' 만들기 키트를 준비해요.

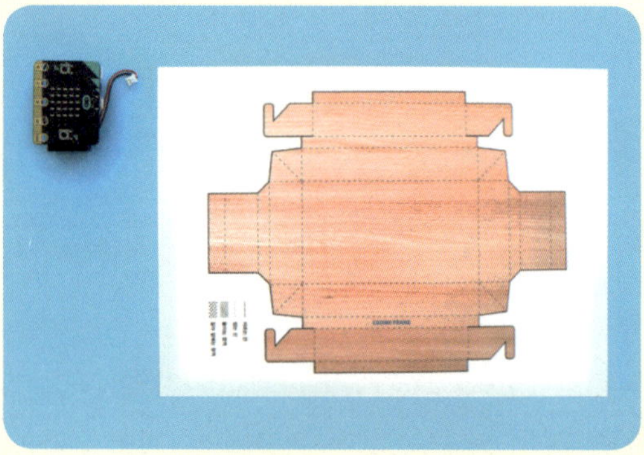

2 액자 도안을 칼선을 따라 뜯거나 가위로 오려요.

3 도안의 위, 아랫부분을 점선을 따라 안쪽으로 접어요.

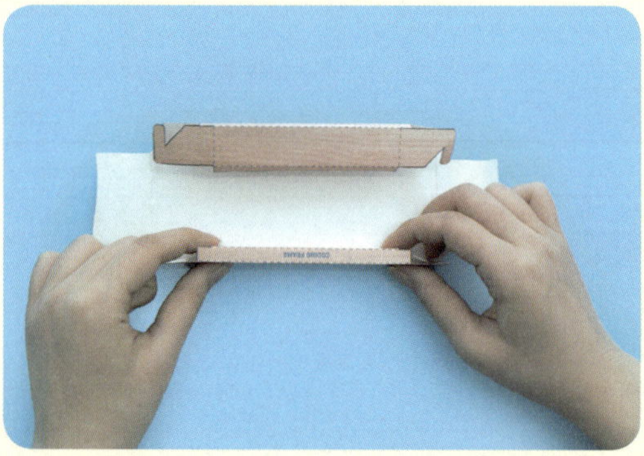

4 도안의 양옆 안쪽 부분을 점선을 따라 세워요.

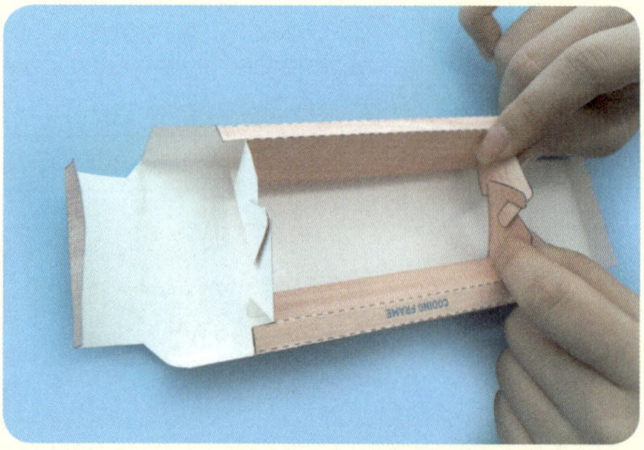

5 도안의 양옆 바깥 부분을 점선을 따라 안쪽으로 접어요.

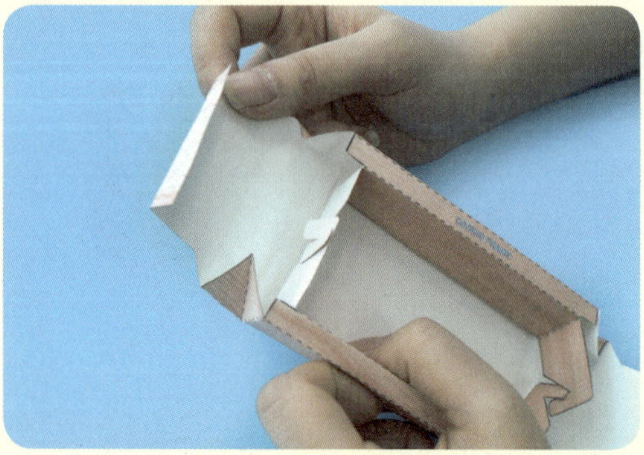

6 위, 아랫부분과 양옆 부분을 연결해요.

7 사진 도안을 칼선을 따라 뜯거나 가위로 오려요.

8 마이크로비트를 끼울 부분을 정리해요.

9 마이크로비트를 뒷면에 끼워요.

10 사진 도안을 액자 도안에 붙여요.

11 '도시의 밤' 메이킹 완성!

5 도전 코딩 마스터

더 많은 코드를 탐색해 볼까요?

움직이는 그림을 만들기 위해서 마이크로비트는 다양한 메이커 코드를 제공하고 있습니다. 숨어있는 블록들을 활용해 봅시다.

1 글자가 길면 왼쪽으로 넘어가며 표현됩니다. 그림이 길 때에는 어떻게 해야 할까요? 긴 그림을 표현할 수 있는 숨은 블록을 '고급' 탭에서 찾아 led 그림을 그려 봅시다.

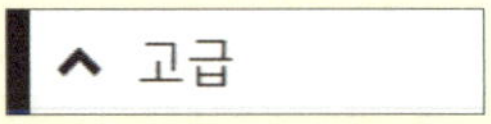

✚ 아래에 있는 [고급]-[이미지]-[my Image의 1번 위치부터 200(ms)마다 스크롤] 블록을 활용하면 큰 이미지가 스크롤 되며 출력됩니다. my Image 자리에는 '큰 이미지' 블록을 끼워주세요.

2 다음 블록의 시작 위치에 1을 넣었을 때와 3을 넣었을 때, 언제 이미지가 더 빨리 움직일까요? 직접 코드를 실행해보고 괄호 안의 답을 채워 보세요.

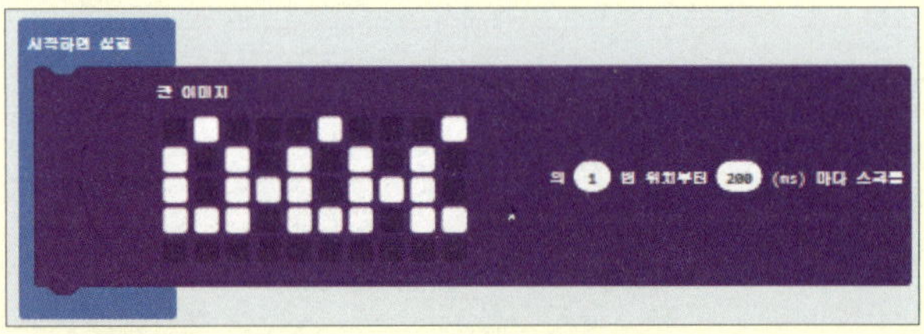

✚ 시작위치란? 가로 방향 좌표인 x를 기준으로 왼쪽에서 몇번째부터 이미지가 시작되며 몇 씩 이미지가 스크롤 될 것인지를 말합니다.

시작 위치에 1을 넣으면 ( )번째부터 이미지가 시작되어 ( )씩 이미지가 스크롤되고, 시작 위치에 3을 넣으면 ( )번째부터 이미지가 시작되어 ( )씩 이미지가 스크롤 됩니다.

✚ 시간간격이란? 몇 ms마다 이미지가 스크롤 될 것인지를 말합니다. 1초(s)는 (   )밀리세컨즈(ms)입니다.

3 [이미지]-[my Image의 1번 위치부터 200(ms)마다 스크롤] 블록을 [시작하면 실행] 블록과 [무한반복 실행] 블록에 각각 맞추어 실행시켜보고, 어떤 차이점이 있는지 알아 봅시다.

4 [고급] 탭의 [이미지]-[my Image의 1번 위치부터 200(ms)마다 스크롤] 블록을 활용하여 다양한 애니메이션을 표현할 수 있습니다.

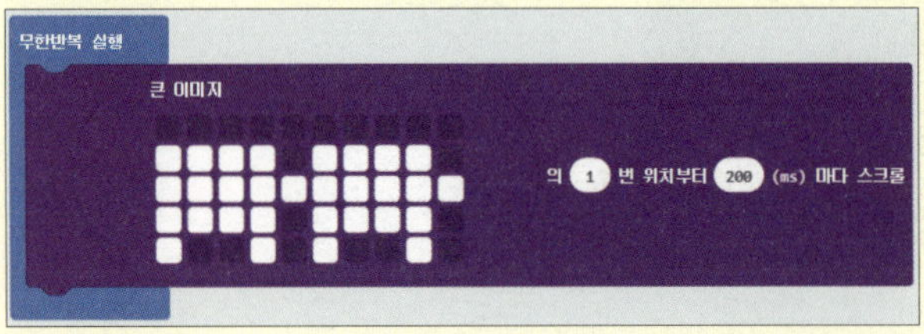

'천천히 움직이는 기차'와 '빠르게 움직이는 기차' 애니메이션을 각각 코드로 작성해 봅시다.

6 도전 과학 실험왕

스마트폰 홀로그램

만화경, 잠망경, 스마트폰 홀로그램의 공통점은 무엇일까요? 바로 모두 빛의 반사를 이용했다는 것이에요. 빛의 반사를 이용해서 멋진 3차원 입체상인 홀로그램을 만들어볼까요?

준비물: OHP 등의 투명용지, 투명테이프, 가위, 스마트폰

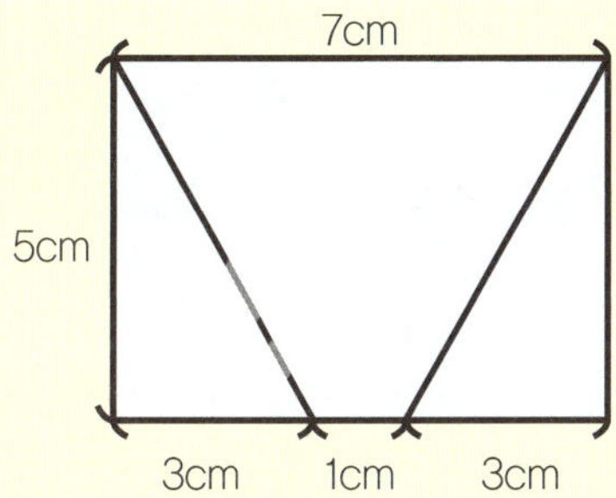

1 사다리꼴 네 개를 그려주세요

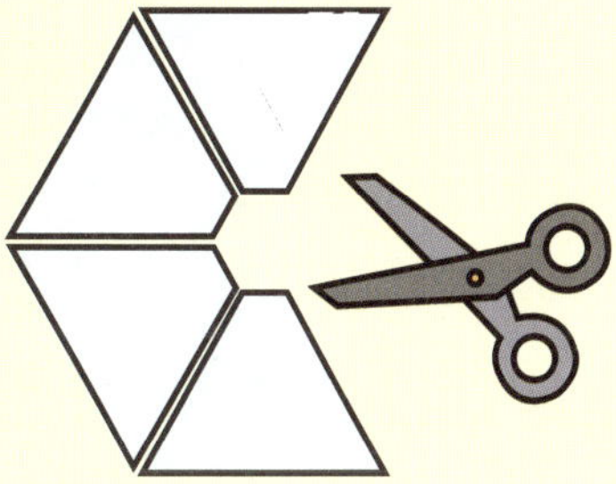

2 사다리꼴 네 개를 모두 가위로 오려요.

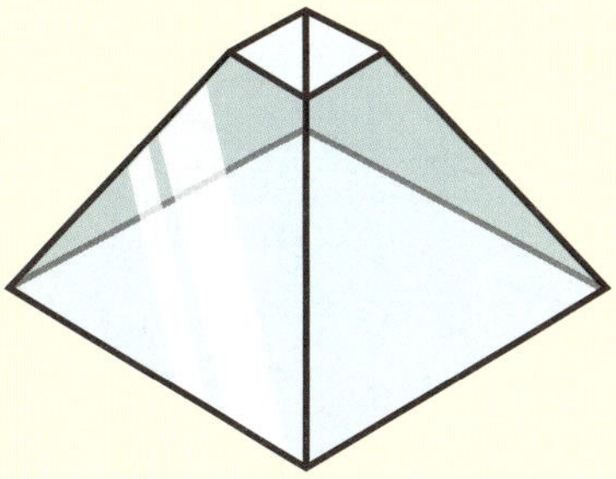

3 4개를 이어서 붙여요. 평평한 곳에 놓고 4개를 이어서 붙인 후, 마지막으로 연결 부위를 붙일 때 입체로 만들면 만들기가 더 편해요. 마치 피라미드처럼 생겼어요.

4 스마트폰으로 유튜브에서 홀로그램 동영상을 검색해서 재생한 후, 주위를 어둡게 해 놓고 관찰해요. 이 때에는 입체 투명 용지를 피라미드를 뒤집은 모양처럼 세워놓고 관찰해야 해요.

잔상 부채 만들기

잔상 부채, 플립 북, 조트로프는 모두 잔상 효과를 이용했다는 공통점이 있어요. 그 중 가장 간단하게 만들 수 있으면서 잔상 효과를 잘 관찰할 수 있는 잔상 부채를 만들어볼까요?

준비물: 두꺼운 종이 2장, 가위, 싸인펜 또는 색연필, 나무젓가락, 투명테이프

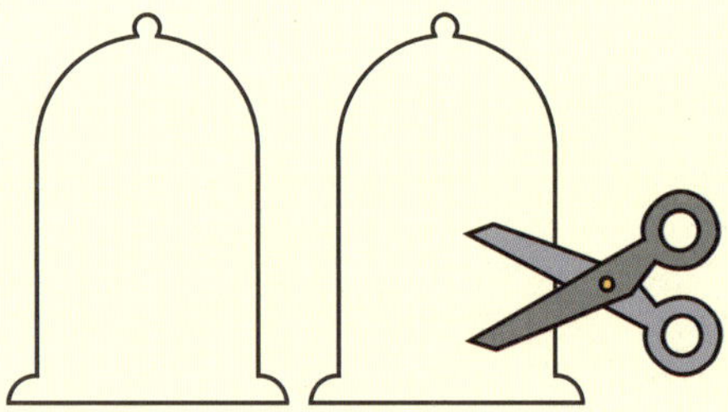

1. 두꺼운 종이 2장을 같은 크기와 모양으로 오려요.

2. 싸인펜 또는 색연필로 종이 2장에 각각 그림을 그려요. 이 때 중요한 점은 두 그림을 합쳤을 때 한 그림이 되도록 각각 다른 그림을 그려야 한다는 것입니다. 예를 들어 한 면에는 새장을, 다른 면에는 새를 그려야 완성했을 때 새장 속에 새가 있는 것처럼 보이게 되겠죠?

3. 2장의 종이 가운데에 나무젓가락을 테이프로 붙여서 부채를 만들어요.

4. 양 손바닥에 나무젓가락을 끼워 빠르게 돌려주면 잔상 부채 장난감이 된답니다.

답안 프로젝트 1 미션 1. 알고리즘

프로그램을 실행하면 LED에 자동차가 오른쪽에서 왼쪽으로 지나가는 알고리즘

위 프로그램을 '4번' 반복하려고 합니다.
어떤 블록을 사용하면 같은 프로그램을 4번 반복할 수 있을까요?

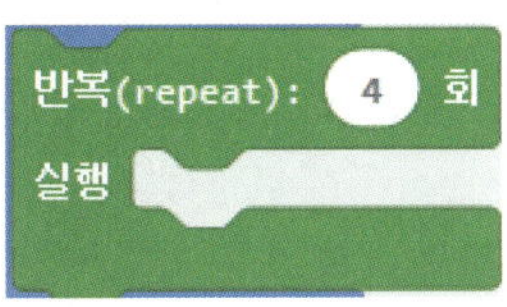

답안 프로젝트 1 미션 2. 알고리즘

01 알고리즘 작성하기

LED 불빛의 밝기가 반씩 줄어드는 알고리즘
– 숫자가 나누어 떨어지지 않으면 어림값
(예. 약 100)을 써도 좋아요!

1. LED 불빛을 가장 밝게(255) 정한다.

2. LED에 창문 모양이 출력된다.

3. LED 불빛을 밝기가 반으로 줄어들게 (128) 정한다.

4. LED에 창문 모양이 출력된다.

5. LED 불빛을 밝기가 반의 반으로 줄어들게 (64) 정한다.

6. LED에 창문 모양이 출력된다.

위 프로그램을 '무한반복'하려고 합니다.
어떤 블록을 사용하면 같은 프로그램을 무한반복 할 수 있을까요?

02 블록으로 알고리즘 작성하기

답안 프로젝트 1 도전 코딩 마스터

2번 답안

- 시작 위치에 1을 넣으면 (1)번째부터 이미지가 시작되어 (1)씩 이미지가 스크롤되고, 시작 위치에 3을 넣으면 (3)번째부터 이미지가 시작되어 (3)씩 이미지가 스크롤 됩니다.
- 1초(s)는 (1000)밀리세컨즈(ms)입니다.

3번 답안

[시작하면 실행] 블록 사용시 큰 이미지가 한 번만 실행되고
[무한반복 실행] 블록 사용시 큰 이미지가 무한으로 반복되어 실행됩니다.

4번 답안

'천천히 움직이는 기차'

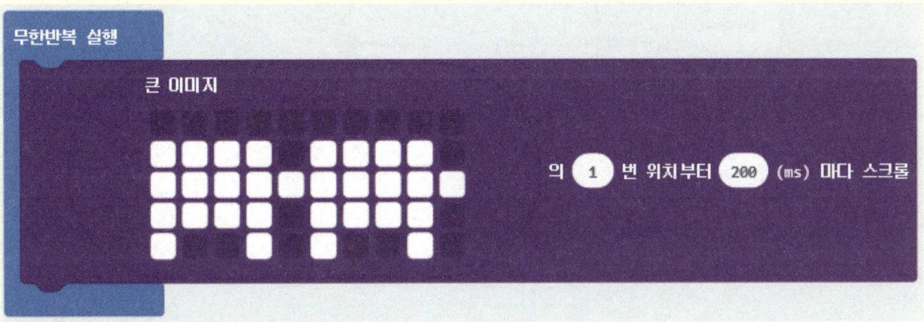

'빠르게 움직이는 기차'

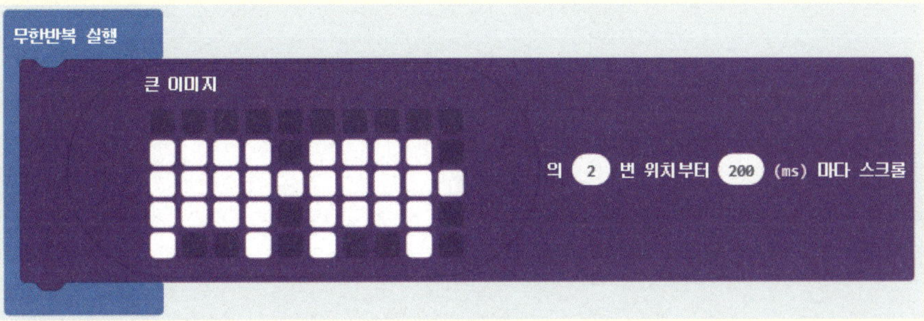

프로젝트

2

사건 현장의 도어락

모든 현장에는 단서가 남아 있는 법!
아무리 완전 범죄를 꿈꾸는 범인이라도..
아주 작은 실수 하나쯤은 하기 마련이죠!

마이크로비트를 이용해서 범인의 은닉처로 들어가볼까요?

프로젝트 2

사건 현장의 도어락

1 코딩 수사대 준비하기

1 무엇을 배워볼까요?

학습 주제	입출력 단자를 활용하여 도체가 연결되었을 때 열리는 도어락 만들기
관련 프로그래밍 요소	순차, 조건, 입출력
컴퓨팅 사고력	문제 분해, 추상화, 알고리즘, 자동화, 병렬화
프로젝트 성취 기준	실과 자료를 입력하고 필요한 처리를 수행한 후 결과를 출력하는 단순한 프로그램을 설계할 수 있다. 과학 정전기, 도체와 부도체의 과학적 개념을 이해하고 응용할 수 있다.
초등 교육과정 핵심 역량	지식 정보 처리 역량, 창의적 사고 역량

2 사용하는 기능 알기

디지털/아날로그 입출력 단자, 전원포트

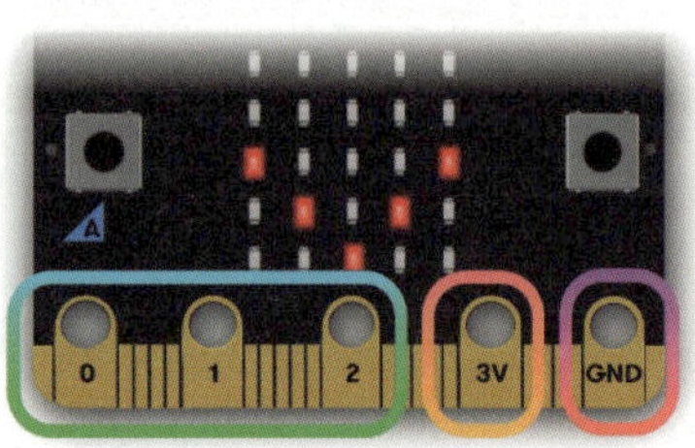

마이크로비트의 엣지 커넥터에는 25개의 외부 장치 연결용 핀이 있습니다. 모터, LED 등과 같은 전기 부품을 연결시켜 동작시키거나, 여러분이 작성한 프로그램으로 동작시키는 다른 센서들도 연결시킬 수 있습니다.

5개의 링 단자는 프로그래밍 제어가 가능한 'P0, P1, P2'의 3개 단자와 전원이 출력되는 +극의 '3V', 접지 역할을 하는 –극의 'GND'단자로 구성되어 있습니다.
20개의 에지 확장 단자를 사용하려면 별도의 확장 커넥터가 필요합니다.

2 출동 코딩 수사대

Episode #2 범인의 은닉처를 덮치다!

+찾았다! 과학 단서!

정전기

정전기는 흐르지 않고, 머물러 있는 전기입니다. 풍선을 머리카락에 마구 문지르면 머리카락이 쭈뼛쭈뼛 서게 됩니다. 이렇듯 마찰에 의해 정전기가 생기므로 정전기를 마찰전기라고도 불러요. 두 물체를 마찰하면 한 물체에서 다른 물체로 전자가 이동하게 된답니다. 그래서 전자를 준 물체는 (+)전기를 띠고, 전자를 받은 물체는 (–)전기를 띠게 된답니다.

+ 찾았다! 과학 단서!

도체와 부도체

자석 필통, 클립, 못, 냉장고 자석 등 우리 주변에서 철로 된 물체는 자석에 찰싹 달라붙어요. 이렇게 자석에 잘 붙는 물체를 '도체'라고 한답니다. 도체는 전기나 열을 잘 전달해요. 반대로 나무젓가락, 플라스틱 숟가락, 유리컵, 풍선 등 자석에 붙지 않는 물체도 많이 있어요. 이런 물체를 '부도체'라고 합니다. 부도체는 전기나 열을 잘 전달하지 못해요. 한 물체에서도 도체인 부분과 부도체인 부분이 모두 있는 경우도 많이 있어요. 가위를 예로 들어볼까요? 가위 손잡이 부분은 부도체이고, 가위의 날 부분은 도체랍니다.

정전기라는 코빗의 말을 들은 코마가 말했다.
정전기? 정전기는 머물러 있는 전기지.
그렇다면… 흐르는 전기라면? 혹시 흐르는 전기가 이 문을 여는 단서가 될 수도 있지 않을까?
좋아. 그렇다면 마이크로비트의 입출력 단자를 활용한 코딩을 시작해볼까!
코마와 코빗은 서둘러 코딩을 통해 도체인 물체를 도어락에 연결해보았다.
띠로리롱~
와우!
예스!
스르륵
신이 난 코마와 코빗이 함께 외쳤다.
출동! CSI 코딩 수사대!

3 코딩 미션 해결하기

Coding 미션 1 ⋮ P0의 연결 유무에 따라 LED에 다른 이미지 출력하기

01 알고리즘 살펴보기

❶ 글로 알고리즘 작성하기

P0가 연결되면 LED에 'O'가 출력되고 P0가 연결되지 않으면 LED에 'X'가 출력됩니다.

1.

2.

3.

4.

아래의 〈보기〉에서 찾아 순서대로 적어 보세요.

① LED에 'O'가 출력된다.
② 만약 P0가 연결되면
③ LED에 'X'가 출력된다.
④ 만약 P0이 연결되지 않으면

조건문이란?

어떤 상황에서 특정 조건에 따라 판단을 내려 행동한 경험이 있나요? 예를 들어, 횡단보도에서 신호등이 초록불로 바뀌면 길을 건너는 것처럼 말입니다.

컴퓨터도 갈림길에 놓였을 때 조건에 맞는 판단을 내려 행동합니다. 판단을 하기 위한 '조건'과 조건이 만족되었을 때 '해야 할 일'을 코딩하면, 컴퓨터는 특정 조건이 만족되었을 때 해야 할 일을 실행합니다. 특정 조건이 만족된 상태를 참(True)이라고 부르고 만족되지 않은 상태를 거짓(False)라고 부릅니다. 예를 들어, 스마트폰 홍채 인식 프로그램에서 홍채가 스마트폰 주인의 홍채와 일치한다면(참이라면) 잠금 해제를 하게 됩니다.

❷ 블록으로 알고리즘 살펴보기

아래는 블록으로 나타낸 알고리즘입니다. 글로 설명한 부분에 해당하는 블록을 연결해보세요.

- 만약 P0이 연결 상태이면 ~ 실행, 아니면 ~실행
- LED에 'X'가 출력된다
- LED에 'O'가 출력된다

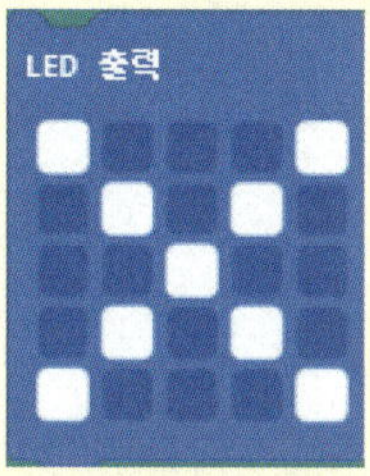

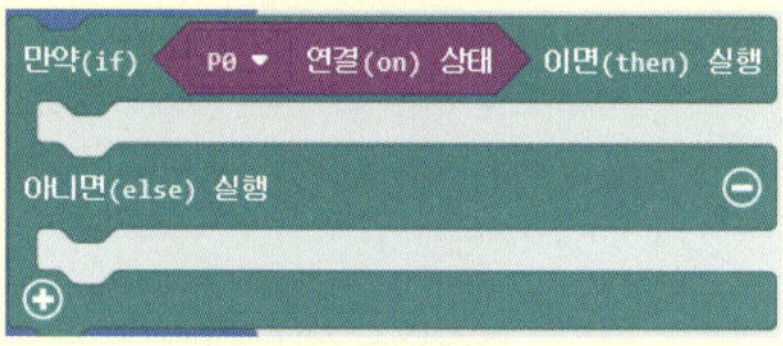

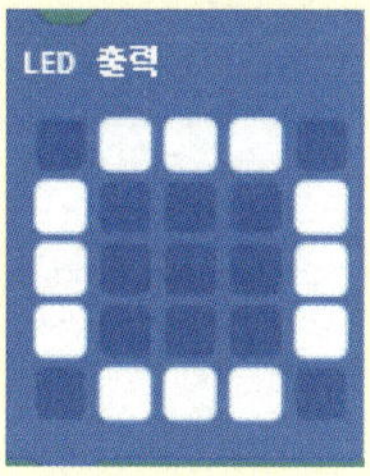

◆ 코딩하기 전에 블록 기능을 알아봐요

논리 카테고리

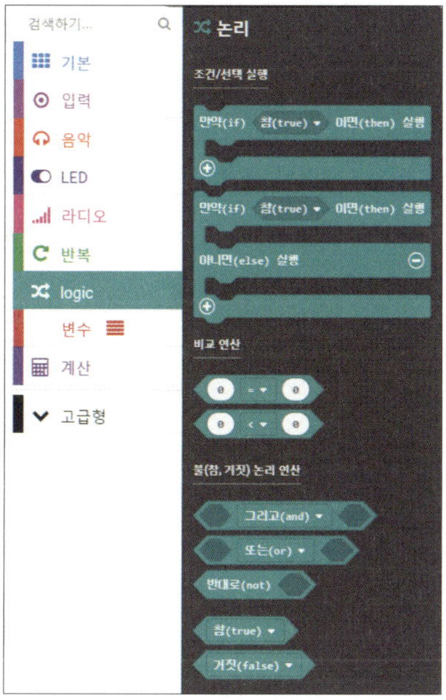

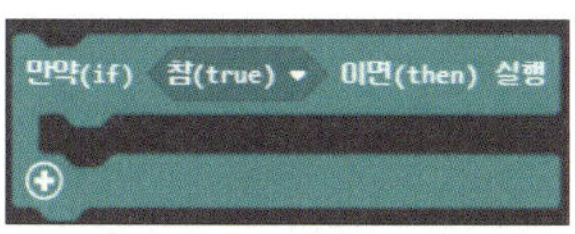

만약 조건에 맞다면(참이면) 블록 안의 명령 블록들을 실행합니다.

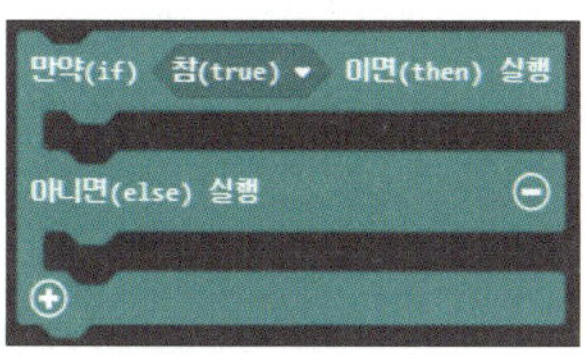

만약 조건에 맞다면(참이면) 블록 안의 명령 블록들을 실행하고, 아니라면 '아니면 실행' 블록 안의 명령 블록들을 실행합니다.

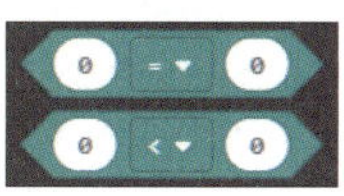

앞의 값과 뒤의 값을 비교(=≠,〉,〈,≤,≥)해서 그 결과에 따라 명령 블록들을 실행합니다.

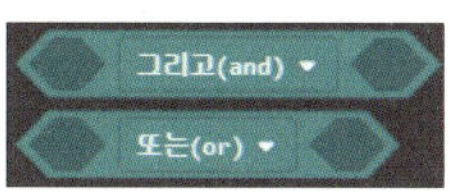

그리고(and) : 앞, 뒤 블록이 모두 정답일 경우(참인 경우)에만 명령 블록들을 실행합니다.
또는(or) : 앞, 뒤 블록 중 하나만 참이여도 명령 블록들을 실행합니다.

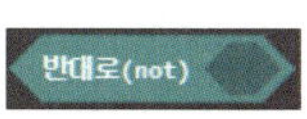

주어진 값과 반대인 값을 나타냅니다.

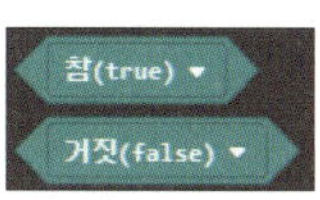

참 또는 거짓의 값

02 코딩하기

1 가장 먼저 [기본] 탭에서 [무한반복 실행] 블록을 가져옵니다.

2 [논리] 탭에서 [만약(if) 〈참(true)〉이면(then) 실행] 블록을 가져와 두 가지 조건을 설정할 수 있도록 (+) 버튼을 누릅니다.

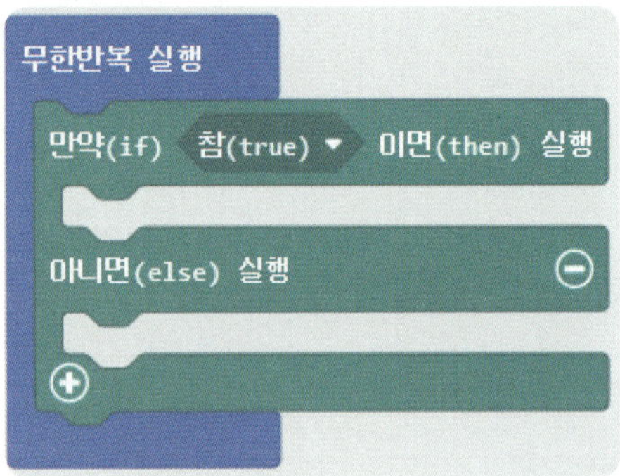

'무한반복 실행' 블록

'무한반복 실행' 블록은 안에 있는 블록을 계속해서 반복시킵니다. 만약 '조건 블록'이 '무한 반복 실행' 블록 안에 있다면 계속해서 그 조건에 해당하는지 확인하는 중요한 역할을 하죠. 지금 우리가 만들고 있는 코드에서도 '무한 반복 실행' 블록은 P0가 연결된 상태를 무한히 확인해 줄거에요.

3 [입력] 탭에서 [P0 연결(on) 상태 이면(then) 실행] 블록을 조건 블록에 연결시킵니다.

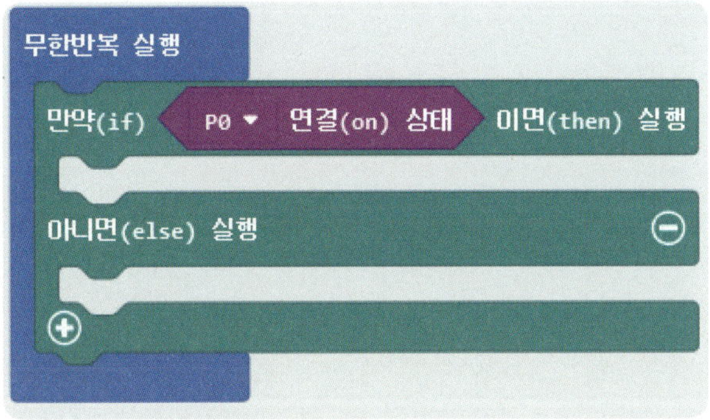

4 [기본] 탭에서 [LED 출력] 블록을 드래그 앤 드롭하여 P0가 연결 상태일 때 'O' 모양이, 연결되지 않았을 때 'X' 모양이 출력되도록 합니다.

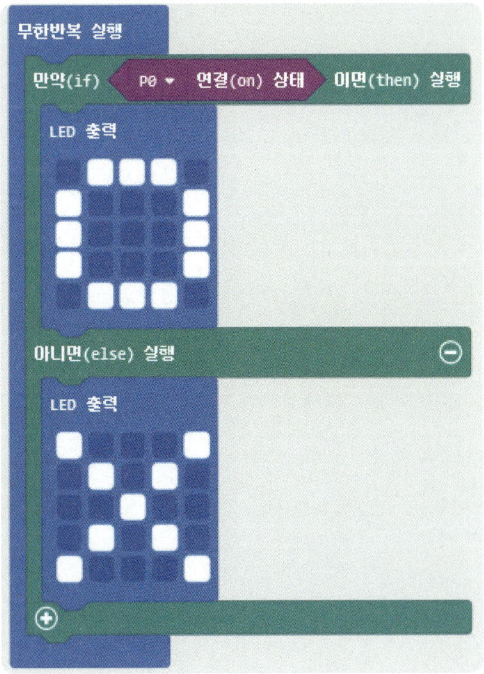

Coding 미션 2 P1의 연결 유무에 따라 LED에 다른 문자열 출력하기

01 알고리즘 살펴보기

❶ 글로 알고리즘 작성하기

P1이 연결되면 LED에 'OPEN'이 출력되고 P1이 연결되지 않으면 LED에 'CLOSE'가 출력됩니다.

1.

2.

3.

4.

아래의 〈보기〉에서 찾아 순서대로 적어 보세요.

① LED에 'OPEN'이 출력된다.
② 만약 P1이 연결되면
③ LED에 'CLOSE'가 출력된다.
④ 만약 P1이 연결되지 않으면

❷ 블록으로 알고리즘 살펴보기

아래는 블록으로 나타낸 알고리즘입니다. 글로 설명한 부분에 해당하는 블록을 연결해보세요.

만약 P1이 연결 상태이면 ~ 실행, 아니면 ~실행 •

LED에 'OPEN'이 출력된다. •

LED에 'CLOSE'가 출력된다. •

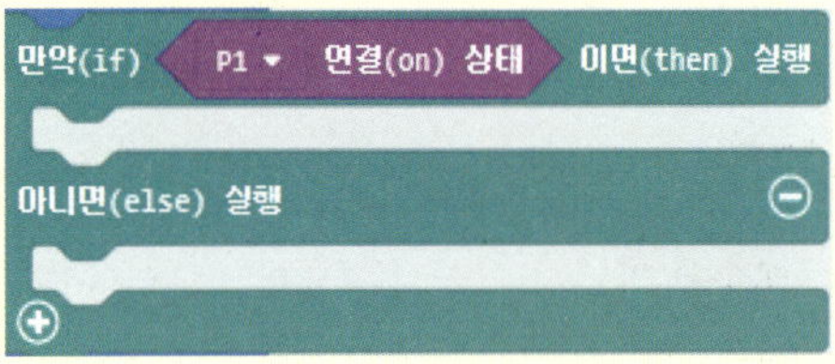

02 코딩하기

1 미션 1과 같은 방법으로 [기본] 탭의 [무한반복 실행] 블록, [논리] 탭의 [만약(if) 〈참(true)〉이면(then) 실행] 블록을 연결하여 조건문을 만듭니다.

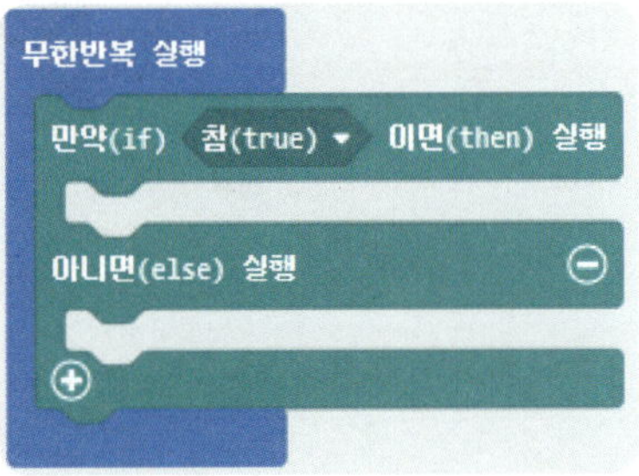

2 [입력] 탭의 [P0 연결(on) 상태 이면(then) 실행] 블록을 연결하여 P1이 연결된 상태로 바꿉니다.

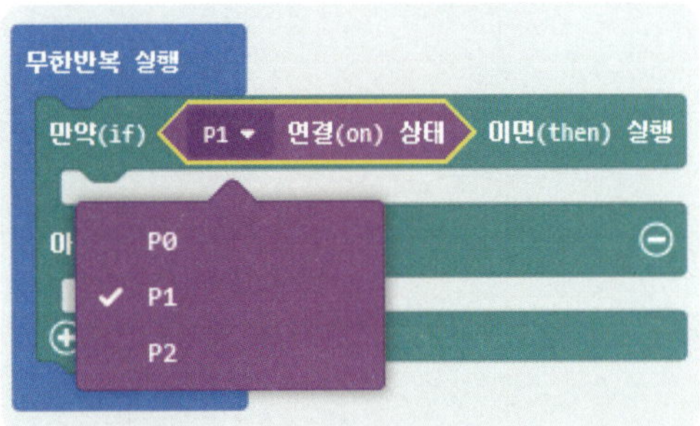

③ [기본] 탭의 '문자열 출력' 블록에 'OPEN'과 'CLOSE'를 입력합니다.

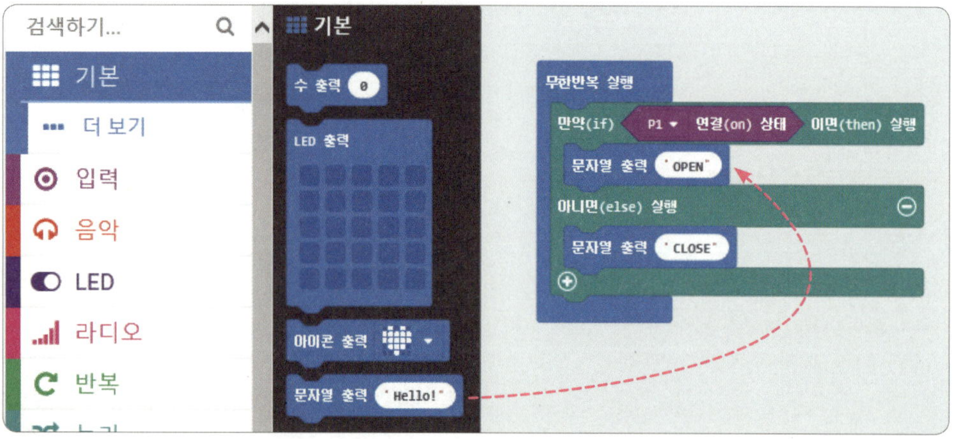

같은 블록을 사용해야 할 때에는 '복사' 기능을 이용할 수 있습니다.
해당 블록 위 [마우스 오른쪽 버튼] – [복사]

문자열 출력을 했을 때 문자가 한 글자를 넘어가면 자동으로 스크롤이 되요. 문자열 출력 블록에 원하는 글자를 입력할 때는 꼭 영어로 입력해야 합니다.

✚ 스크롤이란 화면에 표시된 정보를 이동시키는 것을 말합니다. 마이크로비트에서는 가로 방향으로 이동됩니다.

P0, P1, P2와 GND를 연결시킬 수 있는 물체는 무엇이 있을까요?

	한쪽 손으로 P0를 잡고, 다른 쪽 손으로 GND를 잡아 보세요. (아주 미세한 양의 전류가 흐르니 걱정하지 말아요!)
	악어 케이블의 한쪽은 P0에 연결하고, 다른 쪽은 GND에 연결해 보세요.

전기가 통하는 물체인 '전도체', 또 무엇이 있는지 직접 다양한 물체를 연결해서 실험해봐요!

4 페이퍼 크래프트 메이킹

페이퍼 크래프트 메이킹 – '사건 현장의 도어락'

준비물				
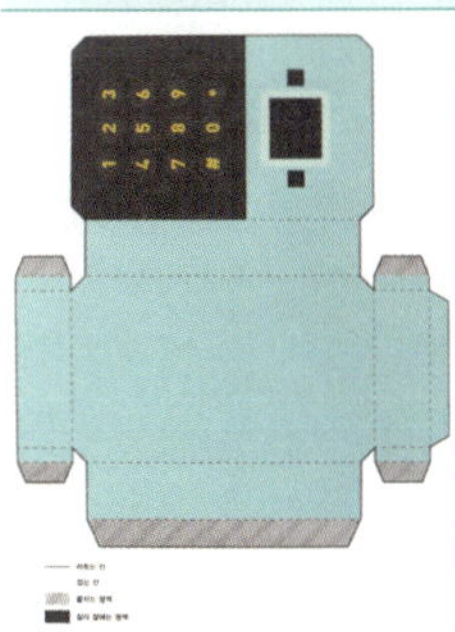	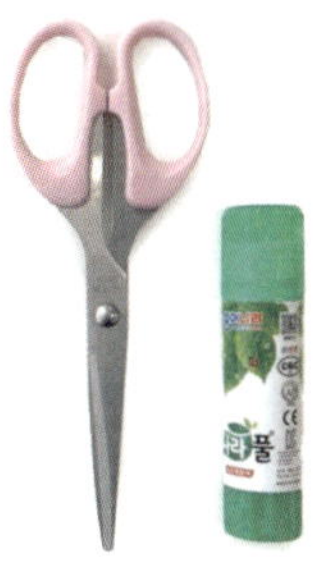	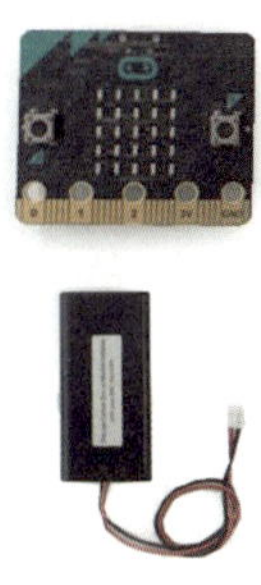		
'사건 현장의 도어락' 페이퍼 키트	풀, 가위	마이크로비트	USB 연결선	배터리

1 '사건 현장의 도어락' 만들기 키트를 준비해요.

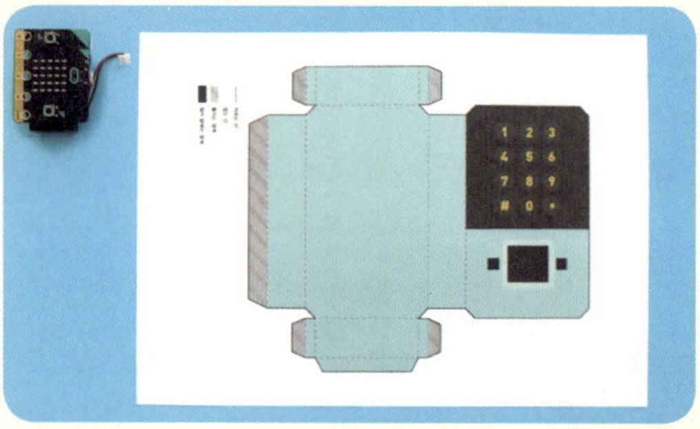

2 도안을 칼선을 따라 뜯거나 가위로 오려요.

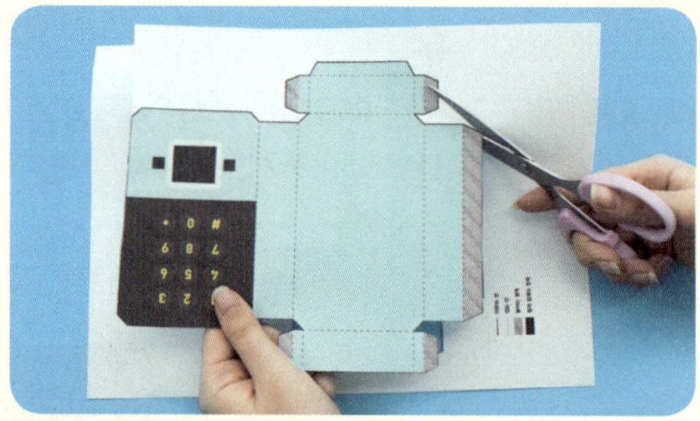

3 도안을 점선을 따라 접어요.

4 마이크로비트를 끼울 부분을 정리해요.

5 풀을 이용해서 도안을 붙여요.(이 때 마이크로비트를 넣을 수 있도록 한 면은 남겨놔요.)

6 마이크로비트를 뒷면에 끼우고, 남은 면을 붙여요.

7 '사건 현장의 도어락' 메이킹 완성!

5 도전 코딩 마스터

조건문 '만약' 블록을 응용해 볼까요?

1 다양한 경우의 수에 대해서 코딩하려면 어떤 블록을 쓰는 것이 좋을지, 알맞은 메이크 블록을 골라 봅시다.

1가지 경우의 수에 대한 코딩 •

2가지 경우의 수에 대한 코딩 •

3가지 경우의 수에 대한 코딩 •

• 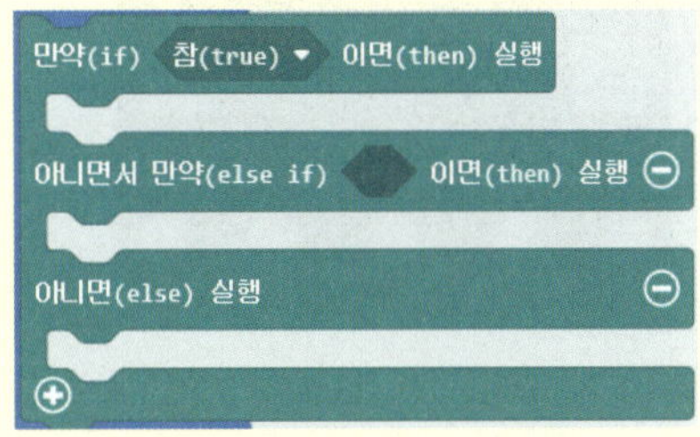

• 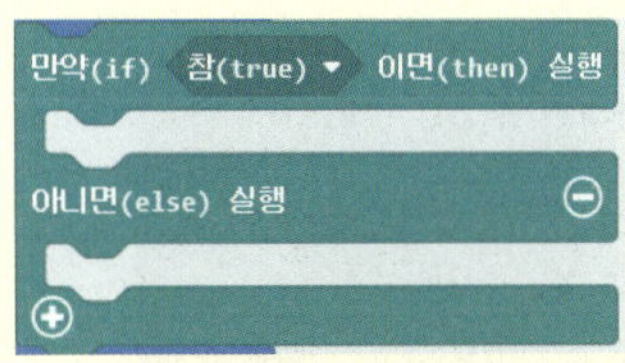

• 

2 위의 블록을 참고하여 P0, P1, P2가 연결 상태일 때 3가지 경우의 수를 모두 포함할 수 있는 코드를 작성해 봅시다.

코드 조건	• P0가 연결 상태일 때에는 LED에 ◇모양 출력 • P1이 연결 상태일 때에는 LED에 △모양 출력 • P2가 연결 상태일 때에는 LED에 ▫모양 출력

'LED'를 더 탐구해 볼까요?

마이크로비트 LED는 다양한 도형, 문자, 숫자를 표현할 수 있습니다. 아래 문제에 답해 보세요.

3 5x5 매트릭스로 몇 가지의 정사각형을 만들 수 있을까요?
(정사각형이란, 네 변의 길이가 모두 같은 사각형을 말합니다.)

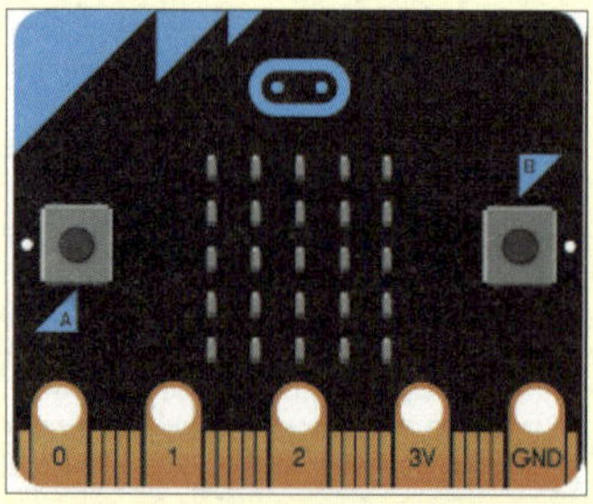

정답은? (　　　　)개

4 'LED 켜기' [LED 켜기 x 0 y 0] 블록을 사용해서 다음과 같이 불이 들어오게 하려 합니다.
x와 y에 각각 숫자 몇을 넣어야 할까요?

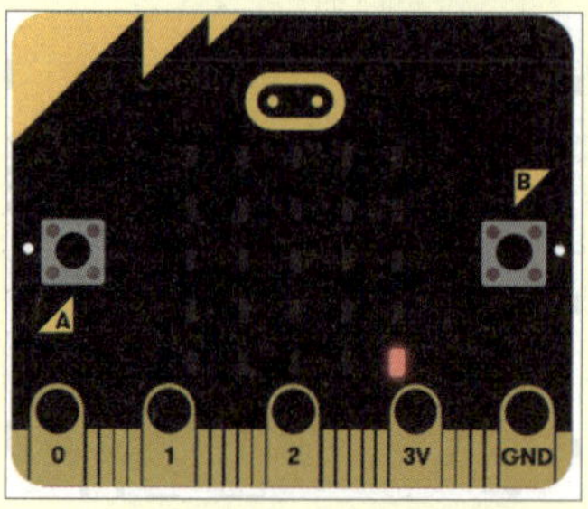

정답은? x (　　) y (　　)

6 도전 과학 실험왕

정전기 풍선 놀이

겨울철 옷을 입고 벗을 때 따끔했던 경험이 있나요? 친구와 물건을 주고받을 때 손끝이 따닥따닥 따가웠던 경험이 있나요? 모두 다 정전기와 관련된 현상이지요. 정전기를 이용해서 풍선 놀이를 해 볼까요?

준비물: 풍선, 빈 깡통, 수도꼭지

1 풍선을 불어서 입구를 잘 묶어요. 그 후, 풍선을 머리카락에 마구 문질러주세요.

2 풍선을 머리카락에 가까이 가져다대면 머리카락이 쭈뼛쭈뼛 공중으로 뜨게 될 거예요. 친구와 함께 누구의 머리카락이 더 많이, 더 높이 공중으로 향하는지 관찰해보아요

3 머리카락에 문지른 풍선을 빈 깡통에 가까이 가져가요. 빈 깡통이 스스로 굴러가는 모습을 관찰해요. 친구와 함께 누가 빨리 깡통을 굴러가게 하는지 경주를 해 보아요.

4 수도꼭지를 틀어서 물줄기가 가늘게 나오게 한 후, 머리카락에 문지른 풍선을 물줄기에 가까이 가져가요. 물줄기가 휘는 모습을 관찰할 수 있어요.

Science Research

우리 집 도체와 부도체

우리 생활 속에는 다양한 도체인 물체와 부도체인 물체가 있어요. 우리 집에서 도체가 많은 장소는 어디일까요? 반대로 부도체가 많은 장소는 어디일까요? 자석을 이용해서 집에 있는 도체와 부도체를 찾아볼까요?

준비물: 자석, 필기도구(종이와 연필)

장소	부엌	
물체 이름	도체	부도체
냉장고 자석	○	
나무젓가락		○

1 5분 후 알람이 울리게 한 후, 부엌에 있는 물체에 자석을 가까이 가져가요. 물체가 자석에 붙으면 도체에 동그라미, 붙지 않으면 부도체에 동그라미로 표시해요.

장소	거실	
물체 이름	도체	부도체
거울		○
못	○	

2 5분 후 알람이 울리게 한 후, 거실에 있는 물체에 자석을 가까이 가져가요. 물체가 자석에 붙으면 도체에 동그라미, 붙지 않으면 부도체에 동그라미로 표시해요.

장소	방	
물체 이름	도체	부도체
가위(가위의 날)	○	
지우개		○

3 5분 후 알람이 울리게 한 후, 방에 있는 물체에 자석을 가까이 가져가요. 물체가 자석에 붙으면 도체에 동그라미, 붙지 않으면 부도체에 동그라미로 표시해요.

4 표를 보고, 우리 집 어느 장소에 도체가 가장 많은지, 부도체가 가장 많은지 비교해보아요.

답안 프로젝트 2 미션 1. 알고리즘

01 글로 알고리즘 작성하기

P0가 연결되면 LED에 'O'가 출력되고
P0가 연결되지 않으면 LED에 'X'가 출력됩니다.

1. 만약 P0가 연결되면
2. LED에 'O'가 출력된다.
3. 만약 P0이 연결되지 않으면
4. LED에 'X'가 출력된다.

02 블록으로 알고리즘 작성하기

만약 P1이 연결 상태이면 ~ 실행, 아니면 ~실행	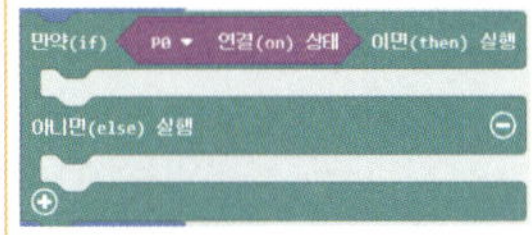
LED에 'OPEN'이 출력된다.	
LED에 'CLOSE'가 출력된다.	

답안 프로젝트 2 미션 2. 알고리즘

01 글로 알고리즘 작성하기

P1이 연결되면 LED에 'OPEN'이 출력되고
P1이 연결되지 않으면 LED에 'CLOSE'가 출력됩니다.

1. 만약 P1이 연결되면
2. LED에 'OPEN'이 출력된다.
3. 만약 P1이 연결되지 않으면
4. LED에 'CLOSE'가 출력된다.

02 블록으로 알고리즘 작성하기

만약 P1이 연결 상태이면 ~ 실행, 아니면 ~실행	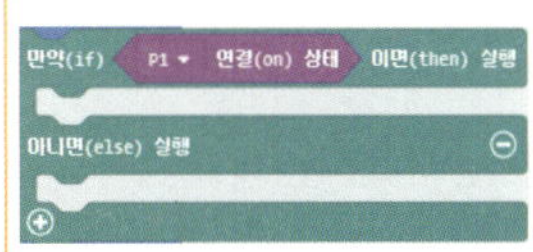
LED에 'OPEN'이 출력된다.	
LED에 'CLOSE'가 출력된다.	

답안 프로젝트 2 더 나아가기

1번 답안

1가지 경우의 수에 대한 코딩	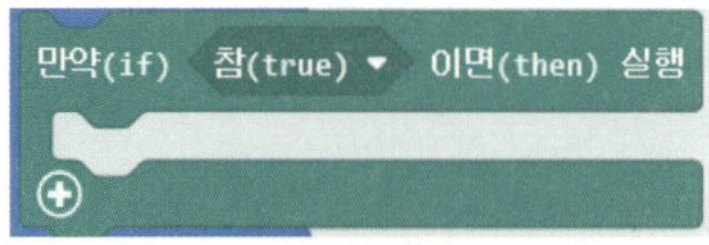
2가지 경우의 수에 대한 코딩	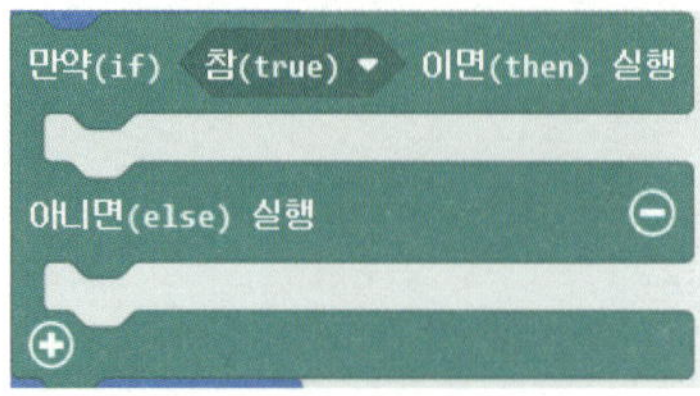
3가지 경우의 수에 대한 코딩	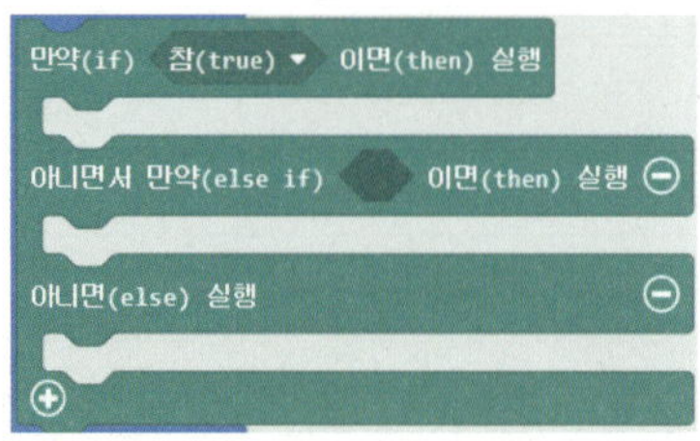

2번 답안

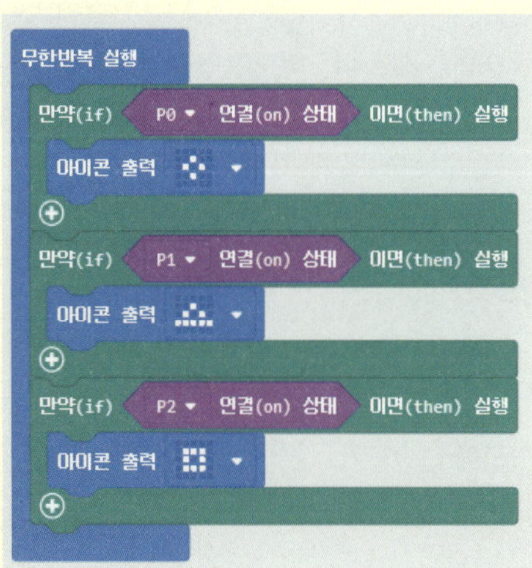

3번 답안

		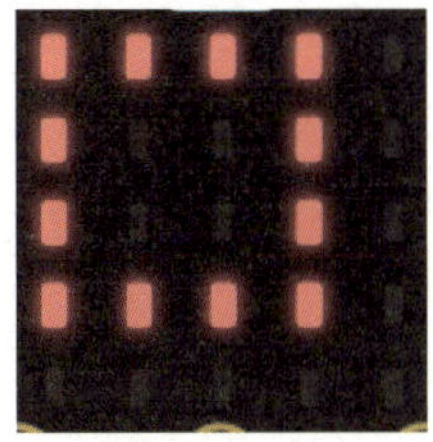	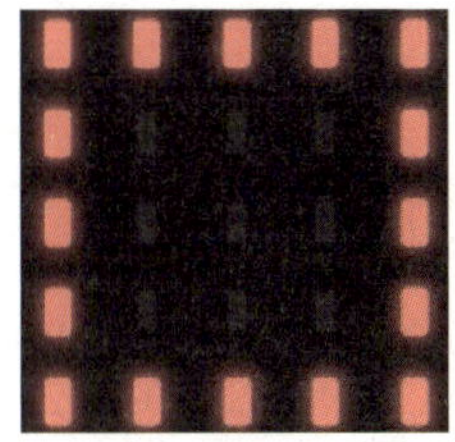
16개	9개	4개	1개

- 16+9+4+1=30 총 30개

4번 답안

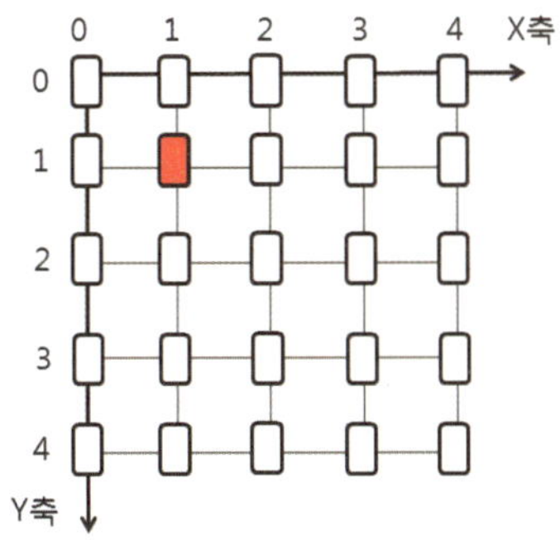

마이크로비트의 가로(X) 5개, 세로(Y) 5개의 총 25개 LED의 좌표는 이와 같습니다.
맨 왼쪽 위 LED(0,0)을 기준으로 합니다.
맨 윗줄을 좌표로 읽으면 차례대로 LED(0,0), LED(1,0), LED(2,0), LED(3,0), LED(4,0)입니다.
예시로 빨갛게 표시된 LED(1,1)은 x축에서 1번째, y축에서 1번째에 해당되는 칸에 LED가 켜진다는 것을 말합니다.

프로젝트 3

비밀 편지의 열쇠, CSI 온도계

범인의 은닉처에 남겨진 수많은 메모...
그런데, 아무것도 써져있지 않은 심상치 않은 흰 종이가 있어요!
지혜를 발휘해서 종이의 숨겨진 메세지를 읽는 코마.

코마가 알려주는 온도의 마술을 부려볼까요?

프로젝트 3

비밀 편지의 열쇠, CSI 온도계

1 코딩 수사대 준비하기

1 무엇을 배워볼까요?

학습 주제	가속도센서와 온도센서를 활용하여 온도값을 LED에 나타내기
관련 프로그래밍 요소	순차, 조건, 비교연산, 논리연산
컴퓨팅 사고력	문제 분해, 추상화, 알고리즘, 병렬화
프로젝트 성취 기준	실과 문제를 해결하는 프로그램을 만드는 과정에서 순차, 선택, 반복 등의 구조를 이해할 수 있다. 과학 온도와 열, 산성용액의 과학적 개념을 이해하고 응용할 수 있다.
초등 교육과정 핵심 역량	지식 정보 처리 역량, 창의적 사고 역량

2 사용하는 기능 알기

가속도센서

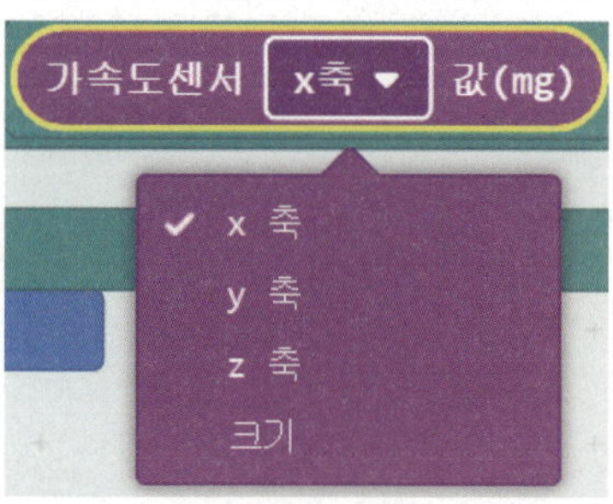

가속도센서란 속도의 변화인 가속도를 측정하는 센서입니다. 가속도센서를 이용하면 물체의 기울기나 진동 등의 정보를 알 수 있습니다.

가속도센서 값을 활용해 다양한 프로그램을 만들 수 있습니다. 마이크로비트 흔들림을 감지했을 때, 로고가 하늘 방향일 때 등 마이크로비트의 방향을 감지했을 경우 무언가를 하도록 만들 수 있습니다. 또 가속도센서의 x,y,z축의 값(mg)을 활용해서 기울기의 정도를 정확하게 측정할 수도 있습니다.

가속도센서

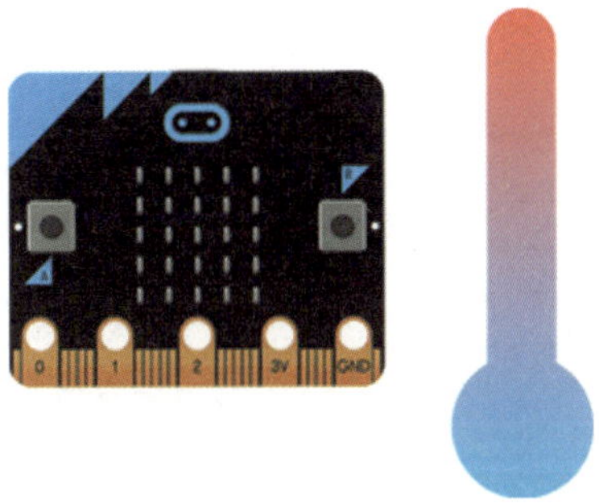

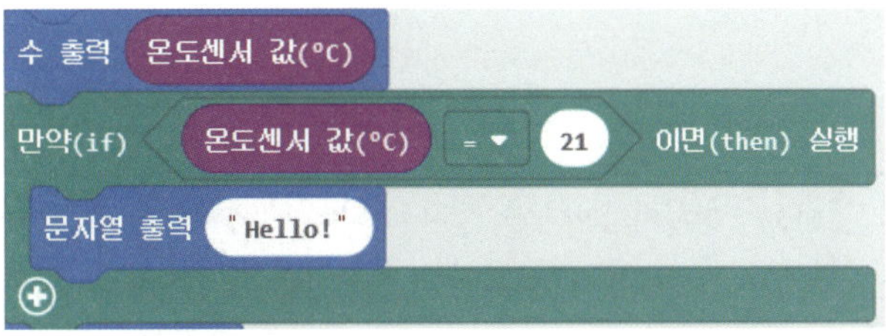

온도센서는 센서와 접촉한 물체의 온도를 잴 수 있습니다. 특정 물체를 접촉시키지 않는다면 대기의 온도(기온)를 잴 수 있습니다.

온도센서 값은 외부로부터 입력받을 수 있는 '입력 값'에 해당합니다. 따라서 입력받은 '온도센서 값'을 LED를 통해 출력할 수도 있고, 입력 값을 조건 블록과 엮어 특정 온도일 때 특정 명령이 실행되게 코딩할 수도 있습니다.

✖ 컴퓨팅 사고력

컴퓨팅 사고력이란 무엇일까요?

컴퓨팅 사고력이란 컴퓨팅의 기본적인 개념과 원리를 활용하여 문제를 효율적으로 해결할 수 있는 사고 능력을 말해요. 예를 들어 우리 반이 요새 너무 시끄러워서 쉬는 시간에도 쉴 수가 없는 문제가 있어요. 문제를 해결하기 위해 학급회의를 합니다. 시끄러움의 기준도 찾아보고 어느 기준을 넘었을 때 어떻게 해야 할지도 의논해요. 학급회의를 통해 조금 더 편리하고 효과적으로 문제를 해결하기 위해 소음 측정 경보기를 만들기로 합니다. 소음 측정 센서 값이 70dB(데시벨)이상 넘어가면 LED가 깜빡이는 경보기를 만들기 위해 알고리즘을 작성해 보았어요. 알고리즘대로 코딩을 하여 마이크로비트로 경보기를 완성했습니다. 이 모든 과정이 컴퓨팅 사고력이에요. 컴퓨팅 사고력을 잘 활용하면 변화하는 세상을 이해하고 조금 더 편리하고 효율적으로 삶을 살아갈 수 있어요.

Episode #3 범인이 작품을 숨긴 곳은?

+찾았다! 과학 단서!

온도와 열

겨울에는 따뜻한 코코아, 여름에는 시원한 얼음물! 생각만으로도 좋지요? 따뜻하고 시원한 정도는 어떻게 표현할까요? '따뜻하다', '더 따뜻하다', '덜 따뜻하다' 등의 표현은 사람들마다 다르기 때문에 객관적이지 않아요. 따뜻하고 시원한 정도를 숫자로 나타낸 것을 '온도'라고 해요. 온도는 온도계를 이용해서 잰답니다. 추운 겨울, 차가워진 손으로 핫팩을 꼭 쥐고 있으면 손이 점점 따뜻해져요. 이렇게 두 물질이 접촉하면 열이 이동해요. 온도가 높은 핫팩의 열이 온도가 낮은 손으로 이동한답니다. 이렇게 열이 이동하면서 물질의 온도가 변하게 됩니다.

+찾았다! 과학 단서!

산성 용액

아무것도 보이지 않던 종이에서 글자나 그림이 짜잔! 나타난다면 정말 멋진 마술 같겠죠? 과학의 원리를 이용하면 누구나 비밀편지를 만들 수 있어요. 식초, 아세트산 등의 산성 물질이 들어 있는 산성 용액으로 종이 위에 그림을 그린 후 높은 온도의 열을 가해주면 화학반응이 일어나요. 종이의 수분이 줄어들고, 남은 탄소 성분이 갈색으로 변하게 되는 것입니다. 면봉에 식초를 묻힌 후 종이 위에 글씨를 써 보아요. 그 후 마른 종이를 드라이기로 말리거나 다리미로 다리면 갈색 글씨가 나타나는 것을 관찰할 수 있어요.

마이크로비트의 온도센서를 이용해
CSI 온도계를 만든 코마와 코빗
높은 온도의 열을 가해주자 아무것도 적혀있지 않던 흰 종이에서 갈색 빛의 그림이 서서히 나타났다.
와!
보인다.
이 그림은 어떤 장소를 나타내는 것 같아.
응. 내가 보기에도 지도처럼 보여~
코마가 코빗의 말에 동의했다.
코마와 코빗이 함께 외쳤다.
그럼 이제 작품을 찾으러 가볼까?
OK!
출동! CSI 코딩 수사대!

3 코딩 미션 해결하기

Coding 미션 1 마이크로비트를 흔들었을 때 LED에 온도값 출력하기

01 알고리즘 살펴보기

❶ 글로 알고리즘 작성하기

마이크로비트를 흔들면 LED에 온도값이 출력됩니다.

1.

2.

아래의 〈보기〉에서 찾아 순서대로 적어 보세요.

① LED에 온도값이 출력된다.
② 흔들림을 감지하면

❷ 블록으로 알고리즘 살펴보기

아래는 블록으로 나타낸 알고리즘입니다. 글로 설명한 부분에 해당하는 블록을 연결해보세요.

만약 P1이 연결 상태이면 ~ 실행, 아니면 ~실행 •

LED에 'OPEN'이 출력된다. •

• 

• 

◆ 블록 기능 알아보기

입력 카테고리

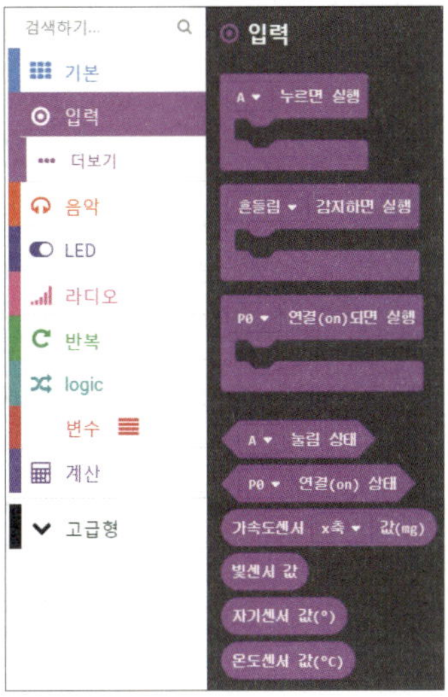

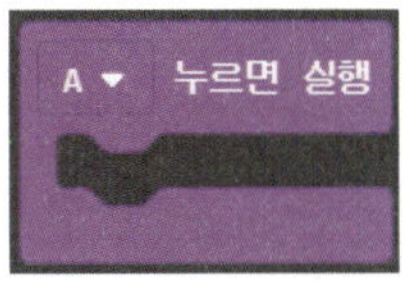

A나 B, 또는 A+B버튼이 눌러지면 안에 있는 블록들이 실행됩니다.

흔들기/로고 하늘 방향/로고 땅 방향/ 스크린 하늘 보기/ 스크린 땅 보기 등의 이벤트가 있으면 안에 있는 블록들이 실행됩니다.

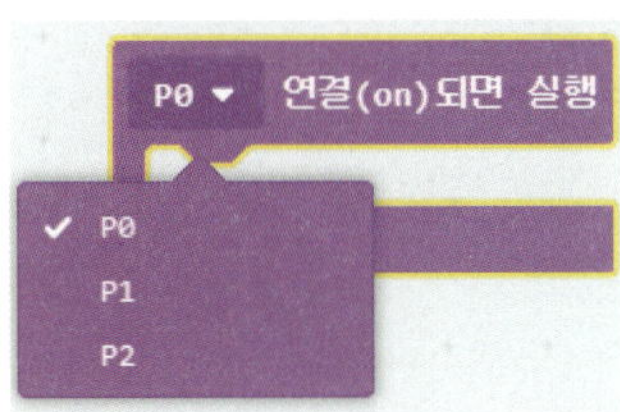

P0/P1/P2의 핀에 연결되면 안에 있는 블록들이 실행됩니다.

A나 B, 또는 A+B버튼이 눌린 상태일 때를 말합니다.

P0/P1/P2의 핀에 연결된 상태를 말합니다.

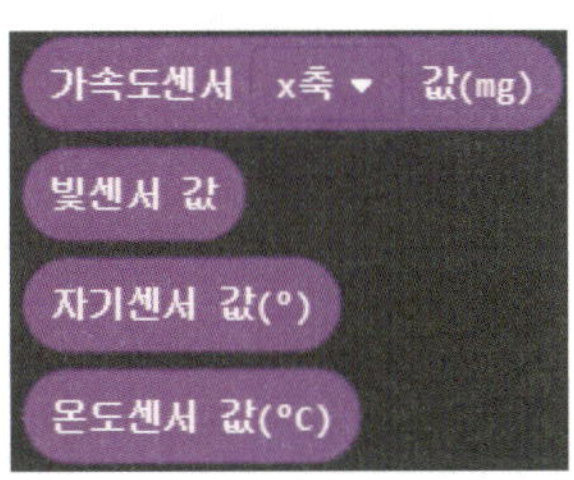

가속도 값(mg), 빛 센서값(0~255), 자기센서 값(방향°), 온도센서 값(°C)을 나타냅니다.

02 코딩하기

1 [입력] 탭의 '흔들림 감지하면 실행' 블록을 준비합니다.

2 [기본] 탭의 '수 출력' 블록에 [입력] 탭의 '온도센서 값'을 결합시킵니다.

✚ '문자열 출력' 블록으로 결합시켜도 실행돼요.

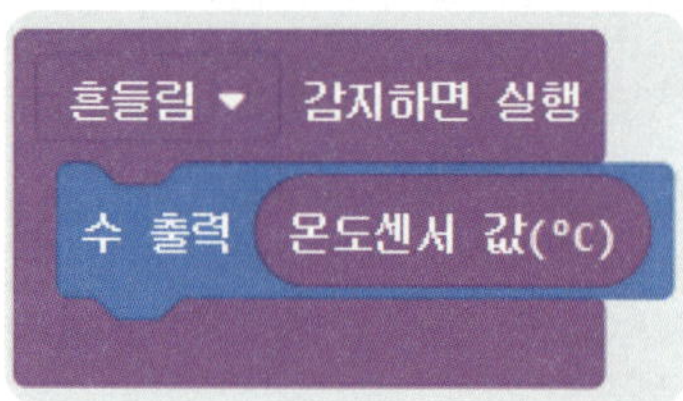

이벤트란 무엇일까요?

올림픽 육상 경기에서 선수들은 언제 출발할까요? 바로 총소리가 '탕'하고 들릴 때입니다. 이벤트는 바로 프로그램을 시작하도록 하는 특정한 동작이나 사건을 말합니다. 예를 들어, 마우스의 버튼을 클릭했을 때, A버튼을 눌렀을 때, 키보드를 눌렀을 때, 마이크로비트를 흔들었을 때처럼 말이죠. 이런 시작 신호를 보내야만 컴퓨터는 프로그램을 실행한답니다.

Coding 미션 2 ⋮ 온도에 따라 다른 LED 신호 출력하기

01 알고리즘 살펴보기

❶ 글로 알고리즘 작성하기

온도가 25도 이상이면 LED에 ↑(가장 긴 화살표 모양)이 출력되고,
20도 이하면 LED에 ↑(가장 짧은 화살표 모양)이 출력되고,
20~25도 사이면 ↑(중간 길이 화살표 모양)이 출력된다.

1.

2.

3.

4.

5.

6. = 위의 조건이 모두 아니면 (eles if)

7.

아래의 〈보기〉에서 찾아 순서대로 적어 보세요.

① LED에 ↑(가장 긴 화살표 모양)이 출력된다.
② LED에 ↑(가장 짧은 화살표 모양)이 출력된다.
③ LED에 ↑(중간 길이 화살표 모양)이 출력된다.
④ 만약 온도가 20~25도 사이면
⑤ 만약 온도가 25도 이상이면
⑥ 만약 온도가 20도 이하면
⑦ 아래의 블록들을 무한히 반복한다.

❷ 블록으로 알고리즘 살펴보기

다음은 마이크로비트를 작동시키기 위한 메이크 블록입니다. 앞서 글로 설명한 알고리즘에 알맞은 블록을 맞춰 보세요.

- 다음 명령을 무한반복 실행한다.
- 일어날 수 있는 3가지 경우를 가정한다. (만약 ~이면 실행, 아니면서 만약 ~이면 실행, 둘 다 아니면 실행)
- 온도 센서 값이 25도 이상
- LED에 ↑(가장 긴 화살표 모양)이 출력된다.
- 온도 센서 값이 20도 이하
- LED에 ↑(중간 길이 화살표 모양)이 출력된다.
- LED에 ↑(가장 짧은 길이 화살표 모양)이 출력된다.

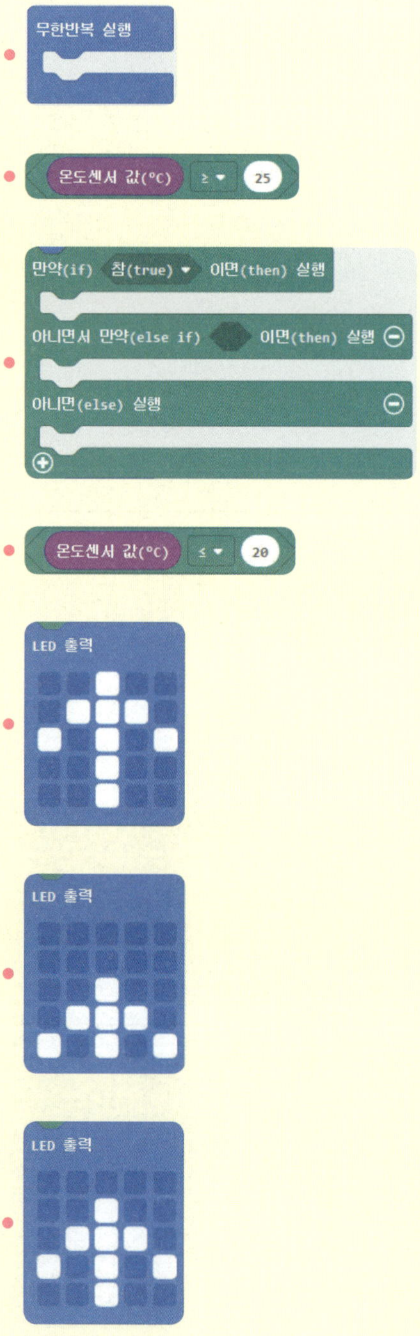

02 코딩하기

1 [입력] 탭의 '무한반복 실행' 블록을 준비합니다.

2 [논리] 탭의 '만약(if) 〈참(true)〉이면(then) 실행' 블록에서 (+) 버튼을 두 번 누릅니다.

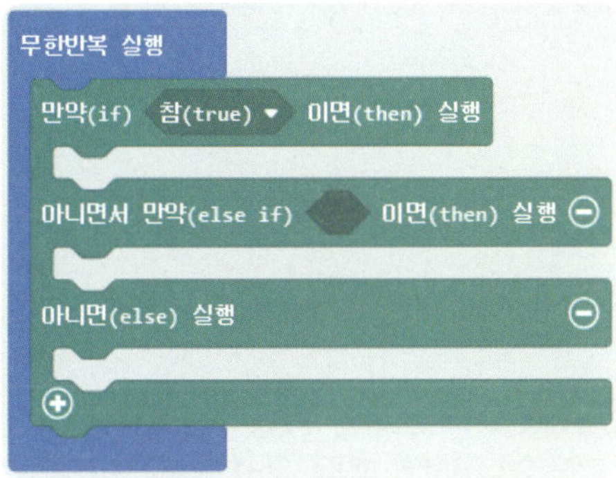

3 [논리] 탭의 비교 연산 블록 '(　　)≥(　　)'을 준비하여 비교하는 숫자 25을 입력합니다.

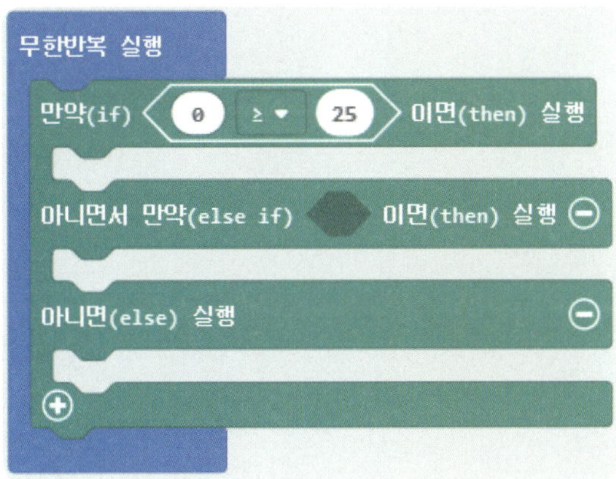

'만약(if) <참(true)>이면(then) 실행' 블록

조건의 개수에 따라 필요한 만큼 (+) 버튼과 (–) 버튼을 눌러 늘리고 줄일 수 있어요!

맨 마지막에 있는 '아니면(eles) 실행' 조건은 위에 있는 모든 조건들에 해당하지 않았을 때의 명령이에요.

우리 미션에서는 첫 번째 조건인 25도 이상도 아니고 두 번째 조건인 20도 이하도 아니라면, 마지막 조건은 자연스럽게 20~25도 사이에 해당하겠죠?

4 비교 연산 블록의 반대편에는 [입력] 탭의 '온도센서 값' 블록을 끼워 조건문을 완성합니다.

5 위에 해당하는 조건일 때 실행될 명령을 위해 [기본] 탭의 'LED 출력' 블록으로 긴 화살표 모양을 입력합니다.

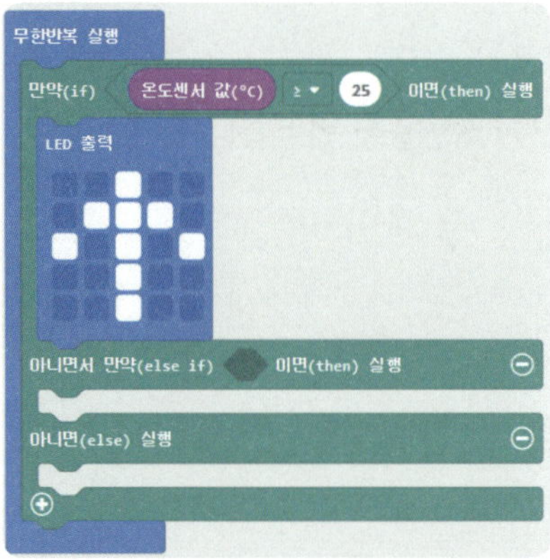

6 앞서 3)~5)의 방법에 따라 두 번째 조건(온도센서 값이 20 이하일 때)을 완성합니다. 마지막 조건은 20~25도 사이에 해당하므로 알맞은 화살표 모양만 입력하면 됩니다.

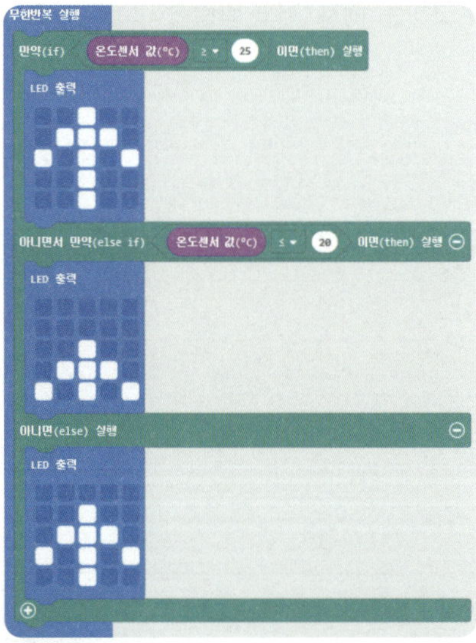

비교 연산 블록

비교 연산 블록은 두 수를 비교하는 블록을 말해요. 블록에 제시된 순서대로 '같다 / 같지 않다 / 왼쪽이 더 작다 / 왼쪽이 더 작거나 같다 (이하) / 왼쪽이 더 크다 / 왼쪽이 더 크거나 같다(이상)'을 뜻해요!

4 페이퍼 크래프트 메이킹

페이퍼 크래프트 메이킹 – 'CSI 온도계'

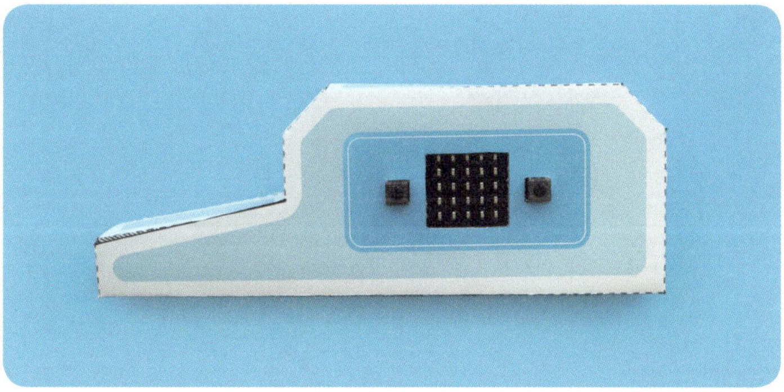

준비물				
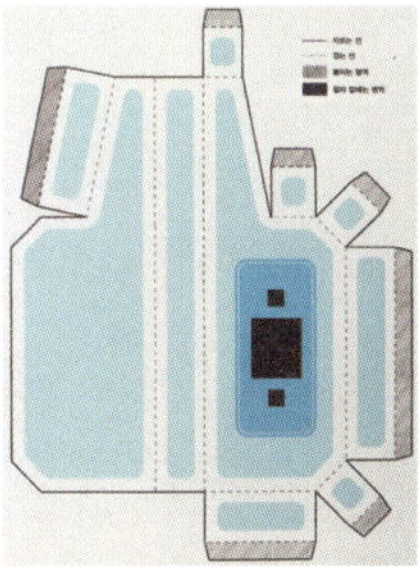	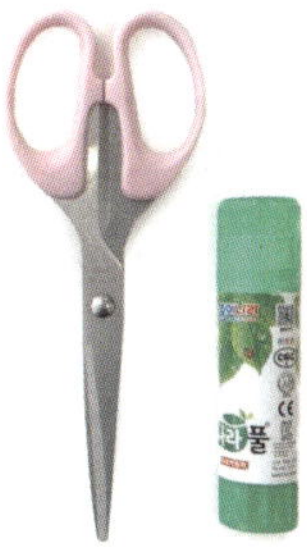			
'CSI 온도계' 페이퍼 키트	풀, 가위	마이크로비트	USB 연결선	배터리

1 'CSI 온도계' 만들기 키트를 준비해요.

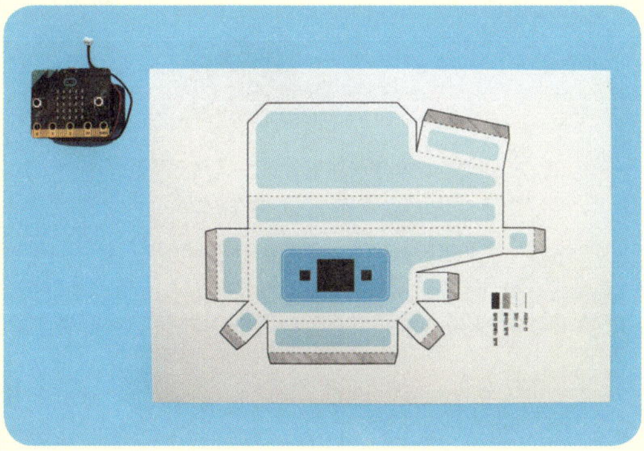

2 도안을 칼선을 따라 뜯거나 가위로 오려요.

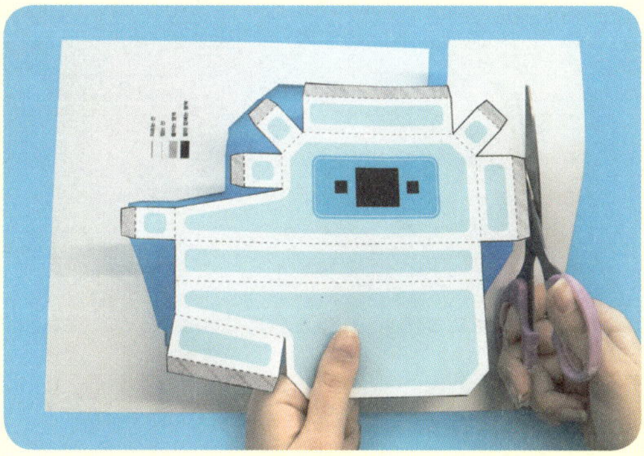

3 도안을 점선을 따라 접어요.

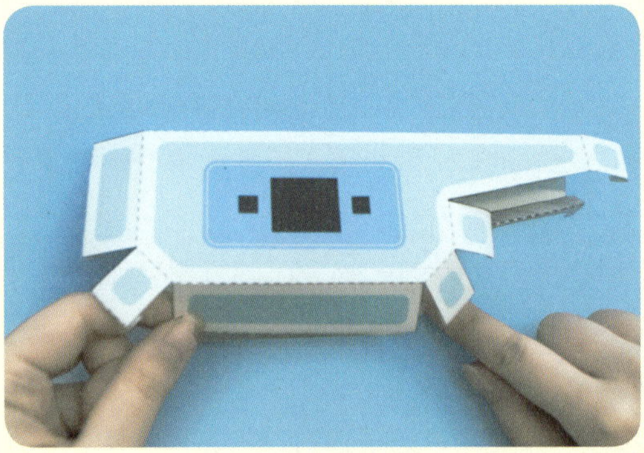

4 마이크로비트를 끼울 부분을 정리해요.

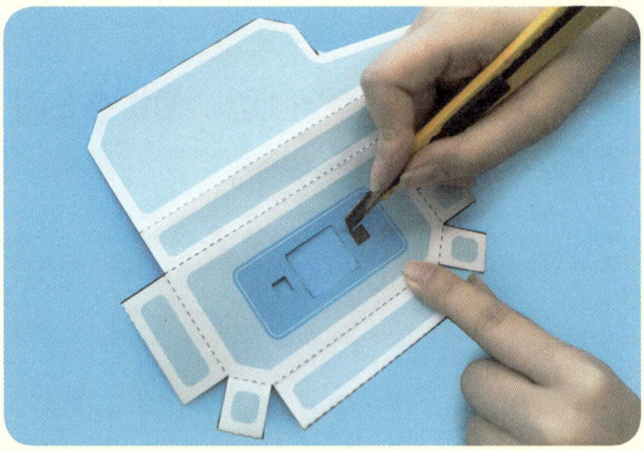

5 마이크로비트를 뒷면에 끼워요.

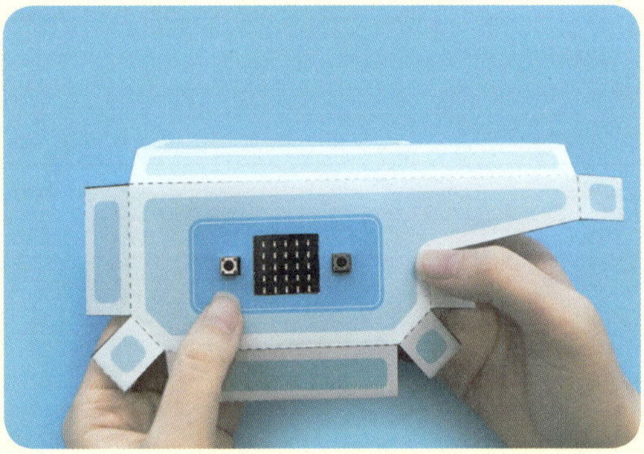

6 도안에 풀칠을 해요.

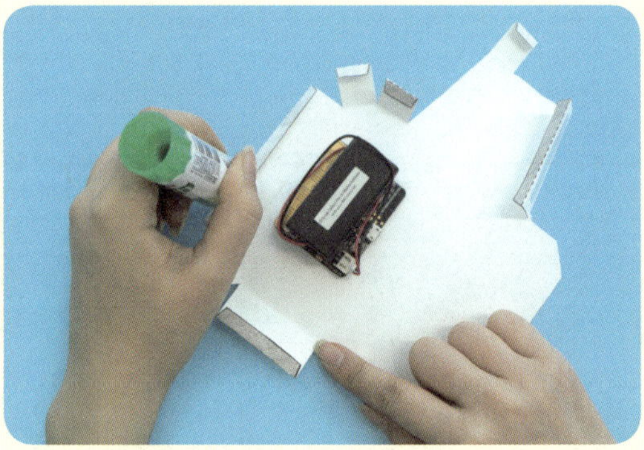

7 풀칠한 부분을 붙여요.

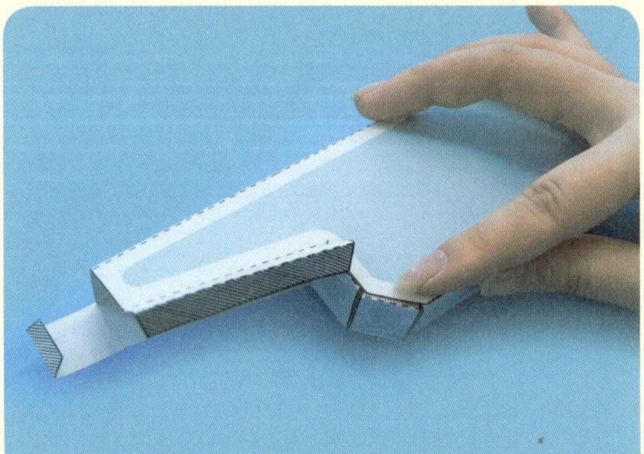

8 'CSI 온도계' 메이킹 완성!

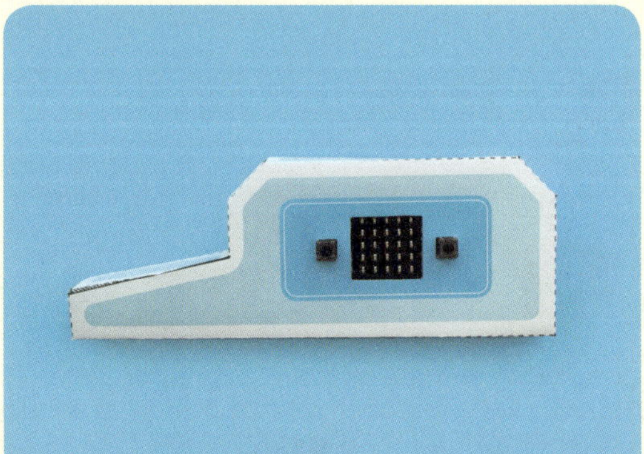

5 도전 코딩 마스터

CSI 온도계로 과학 지식을 쌓아 볼까요?

하루 중 가장 더운 시간은 언제일까요?

온도를 재보면 정확히 알 수 있겠죠? 마이크로비트에는 온도센서가 있답니다. 여러분들이 온도센서를 이용하는 코드를 작성하면 마이크로비트의 LED로 현재 온도를 알 수 있죠. 마이크로비트로 매 시간마다 온도를 측정해 보아요!

시각	10시	11시	12시	13시(오후 1시)
온도				

시각	14시(오후 2시)	15시(오후 3시)	16시(오후 4시)	17시(오후 5시)
온도				

그러므로 하루 중 가장 더운 시간은 (   )시 입니다.

다시 알아보는 CSI 온도계 메이크 코드!

마이크로비트 온도센서와 다양한 메이크 블록을 활용하면 측정한 온도에 따라 숫자 뿐 아니라 다양한 정보를 LED로 알려줄 수 있죠. 센서가 감지한 온도가 33도 이상이면(온도≥33) 폭염주의보(해골 아이콘)을 발령하는 코드를 작성하려 합니다. 코드를 작성할 때 꼭 필요한 블록 다섯 가지는 무엇일까요?

1 

2 

3 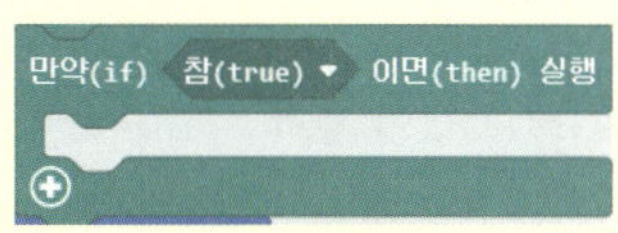

4 

5 

6 

7 

8 

정답은? (,   ,   ,   ,   )

6 도전 과학 실험왕

요구르트 온도계 만들기

온도를 재는 온도계! 온도계를 만들어볼까요? 주변에서 쉽게 볼 수 있는 요구르트병을 이용해서 간이 온도계를 만들 수 있어요.

준비물: 요구르트병, 빨대, 고무찰흙, 빨간색 물감, 따뜻한 물, 차가운 물

1 빨간색 물감을 섞은 물을 요구르트병에 2/3 정도 넣어요.

2 요구르트병 중간에 빨대를 꽂고, 고무찰흙으로 요구르트병의 입구 부분을 밀봉해요. 틈새가 없도록 잘 막아야 해요.

3 따뜻한 물과 차가운 물에 요구르트 온도계를 넣어서 빨대 속 빨간색 물감의 높이를 비교해보아요.

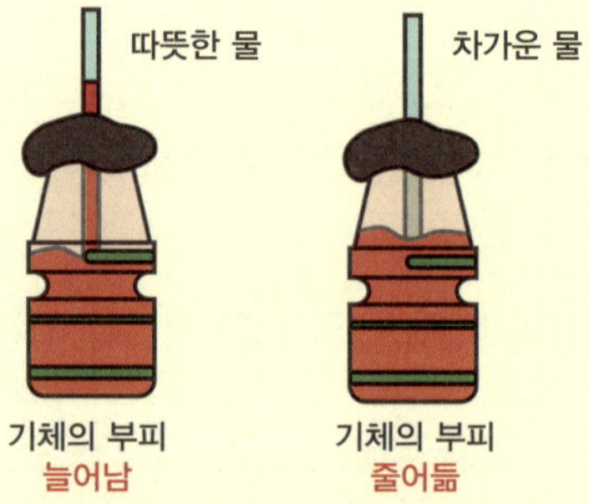

4 따뜻한 물에 넣으면 요구르트병 속의 기체 부피가 늘어나면서 액체를 아래쪽으로 누르게 되지요. 그만큼 빨간색 기둥이 위로 올라가요. 반대로 차가운 물에 넣으면 요구르트병 속의 기체 부피가 누르는 힘이 약해지니까 빨간색 기둥이 다시 내려가게 된답니다.

비타민C 비밀편지

CSI 코딩 수사대가 높은 온도의 열을 이용해서 단서를 밝혀낸 것처럼 우리도 비밀편지를 쓰고 읽어볼까요? 비밀편지를 만드는 방법에는 여러 가지가 있어요. 그 중에서 우리 주변에서 쉽게 구할 수 있는 비타민 음료를 이용해요.

준비물: 비타민 음료 또는 비타민C 가루, 면봉, 아이오딘 용액(빨간 소독약), 흰 종이

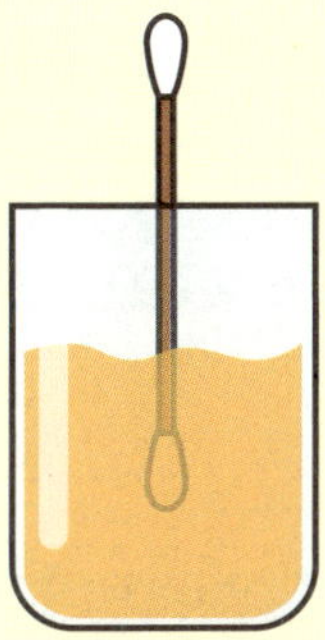

1. 면봉에 비타민 음료를 묻혀요. 비타민 음료 대신 비타민C 가루를 물에 녹여도 돼요.

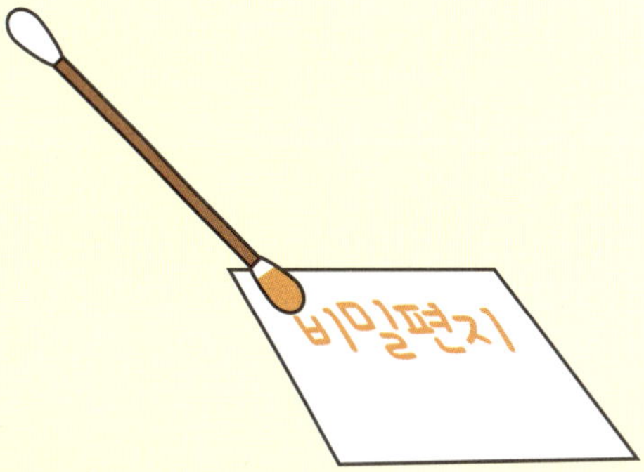

2. 흰 종이에 글자를 쓰거나 그림을 그린 후 잘 말려요.

3. 아이오딘 용액(빨간 소독약)을 같은 비율의 물에 탄 후, 종이 위에 얇게 펴서 발라요.

4. 아이오딘 용액은 녹말을 만나면 진한 보라색으로 변해요. 그래서 흰 종이는 진한 보라색으로, 비타민C 때문에 이 반응이 일어나지 못한 글자 부분은 하얀색 그대로 나타나서 비밀편지 내용을 확인할 수 있어요.

답안 프로젝트 3 미션 1. 알고리즘

01 글로 알고리즘 작성하기

마이크로비트를 흔들면 LED에 온도값이 출력됩니다.

1. 흔들림을 감지하면

2. LED에 온도값이 출력된다.

02 블록으로 알고리즘 작성하기

흔들림을 감지하면	
LED에 'OPEN'이 출력된다.	

답안 프로젝트 3 미션 2. 알고리즘

01 글로 알고리즘 작성하기

온도가 25도 이상이면 LED에 ↑(가장 긴 화살표 모양)이 출력되고, 20도 이하면 LED에 ↑(가장 짧은 화살표 모양)이 출력되고, 20~25도 사이면 ↑(중간 길이 화살표 모양)이 출력된다.

1. 아래의 블록들을 무한히 반복한다.

2. 만약 온도가 25도 이상이면

3. LED에 ↑(가장 긴 화살표 모양)이 출력된다.

4. 만약 온도가 20도 이하면

5. LED에 ↑(가장 짧은 화살표 모양)이 출력된다.

6. 만약 온도가 20~25도 사이면

7. ↑(중간 길이 화살표 모양)이 출력된다.

02 블록으로 알고리즘 작성하기

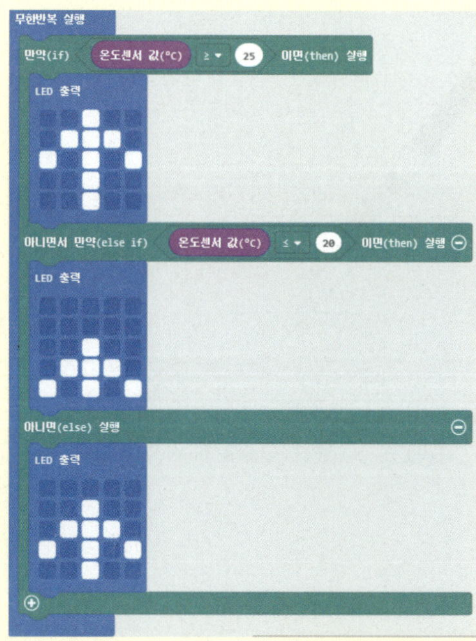

1번 답안

하루 중 가장 더운 시간은 (2시 또는 3시) 입니다.

+과학 교과서 상식: 태양이 가장 뜨거울 때(태양의 고도가 가장 높을 때)는 오후 12시 30분 이더라도 하루 중 가장 기온이 높을 때는 오후 약 2시 30분 입니다. 그 이유는 지표면이 계속해서 뜨거워지며 공기의 온도가 서서히 높아지기 때문이지요.

2번 답안

①, ③, ④, ⑥, ⑦

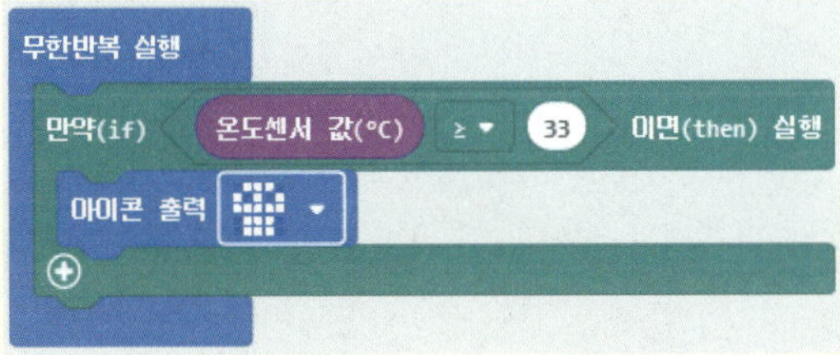

프로젝트

4

북쪽을 찾아라!
CSI 나침반

범인이 남긴 단서 안에 담겨있는 범인의 행방.
하지만 단순한 그림만 보고는 정확한 정보를 얻을 수 없었어요.
그 때 코빗과 코마가 발견한 지도 위의 방위표!

나침반 프로그램을 만들어 범인을 쫓아가볼까요?

프로젝트 4 북쪽을 찾아라! CSI 나침반

1 코딩 수사대 준비하기

1 무엇을 배워볼까요?

학습 주제	나침반(자기) 센서를 이용하여 북쪽을 나타내는 나침반 만들기
관련 프로그래밍 요소	반복, 조건, 변수, 논리 연산, 비교 연산
컴퓨팅 사고력	문제 분해, 알고리즘, 자동화
프로젝트 성취 기준	실과 문제를 해결하는 프로그램을 만드는 과정에서 순차, 선택, 반복 등의 구조를 이해할 수 있다. 과학 자기장, 지진과 화산의 과학적 개념을 이해하고 응용할 수 있다.
초등 교육과정 핵심 역량	지식 정보 처리 역량, 창의적 사고 역량, 의사소통 역량

2 사용하는 기능 알기

나침반(자기) 센서

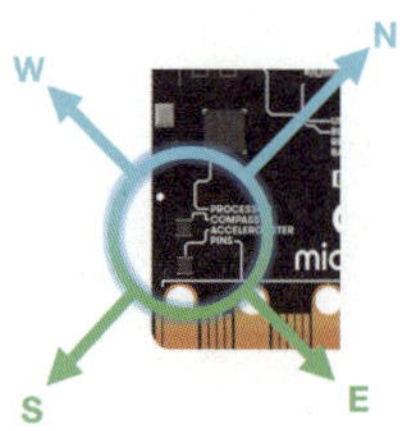

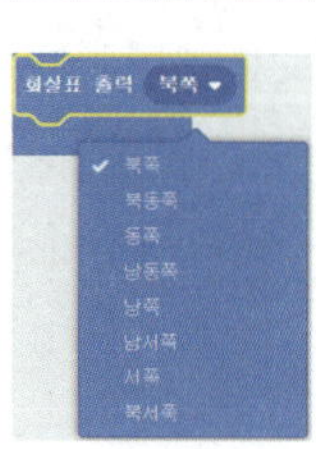

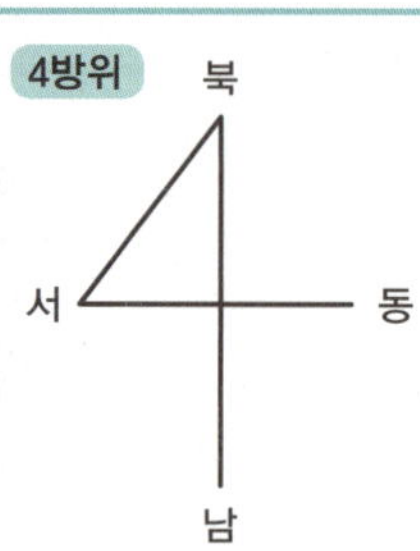

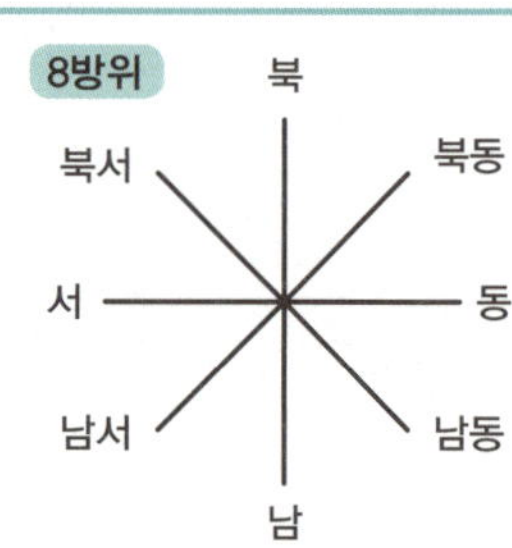

자기 센서는 동,서,남,북 등의 방위 변화를 측정하는 센서입니다. 나침반 역할을 하는 센서이죠. 비행기, 자동차, 미사일 등 방향을 설정해야 하는 물체에서 사용됩니다.

지도를 보려면 '방위'에 대해 알아야 합니다. 방위란 동, 서, 남, 북 네 방향을 기본으로 하여 나타내는 어느 쪽의 위치입니다. 동, 서, 남, 북의 네 방향을 4방위라고 하고 좀 더 세분화하면 8방위로 표현하기도 합니다. 마이크로비트에서는 코딩을 통해 8방위까지 화살표로 나타낼 수 있습니다.

Episode #4 작품을 되찾을 수 있다면!

+찾았다! 과학 단서!

지진과 화산

우리가 사는 지구 내부에서는 힘이 계속 작용하고 있어요. 그 힘으로 인해 지표면이 휘어지거나 끊어지면서 지진이 발생하기도 하지요. 또한, 화산 활동에 의해 지진이 발생하기도 한답니다. 화산은 땅 속 깊은 곳의 마그마가 지표면으로 분출해서 만들어진 지형입니다. 화산 꼭대기에는 움푹 파여 있는 분화구가 있기도 해요. 백두산, 한라산은 우리나라의 대표적인 화산이랍니다.

+ 찾았다! 과학 단서!

자기장

자석 주위에는 자기력이라는 힘이 작용해요. 자기력이 미치는 공간을 자기장이라고 한답니다. 지구는 하나의 커다란 자석이라고 할 수 있어요. 그래서 지구 자기에 의해 지구 자기장이 형성됩니다. 지구 자석은 북쪽이 S극이기 때문에 주위에 자기력이 없는 경우 나침반의 붉은 바늘인 N극은 항상 지구의 북쪽 방향을 가리켜요.

코마는 마이크로비트 나침반을 이용해서
방향을 파악했다.
북쪽이 여기군.
코빗, 이쪽이야.
코빗은 코마를 따라 가던 중 저 멀리 그림자와
같은 것이 움직이는 것을 발견하고
작은 목소리로 속삭였다.
코마, 저 쪽에
누군가 보여!
!
범인일 수도 있어!
빨리 따라잡자!

3 코딩 미션 해결하기

Coding 미션 1 ⋮ 각도 변수에 자기 센서 값을 저장하기

01 알고리즘 작성하기

❶ 글로 알고리즘 작성하기

다양한 각도 값을 저장할 수 있는 각도 변수를 만들고 자기 센서 값(°)을 저장해보세요.

1.

2.

아래의 〈보기〉에서 찾아 순서대로 적어 보세요.

① 무한 반복 블록 안의 명령 블록들을 계속 실행한다.
② 각도 변수값에 자기 센서 값(°)을 저장한다.

변수란 무엇인가요?

프로그램을 수행할 때, 특정한 값을 저장해야 할 필요가 생기기도 합니다. 변수는 프로그램에서 값을 저장할 수 있는 공간을 말합니다. '각도'라는 이름의 변수를 만들고 그 값을 '나침반(자기) 센서' 값으로 저장하면 그때부터 '각도'는 '나침반(자기) 센서' 값과 같아집니다.

② 블록으로 알고리즘 살펴보기

아래는 블록으로 나타낸 알고리즘입니다. 글로 설명한 부분에 해당하는 블록을 연결해보세요.

무한 반복 블록 안의 명령 블록들을 계속 실행한다. •

LED 스크린을 지운다. •

각도 변수값에 자기 센서 값(°)을 저장한다. •

• 

• 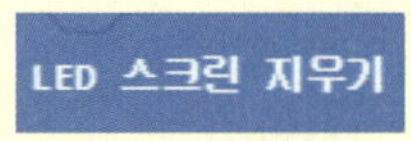

• 

컴퓨팅 사고력

자동화란 무엇일까요?

자동화는 컴퓨터나 전자 기기를 이용하여 일 처리가 자동으로 되도록 하는 것을 말합니다.

과자 공장에서의 과자 포장 과정을 살펴볼까요? 과자를 옮겨주는 기계, 포장지에 넣어주는 기계, 포장지를 자르고 붙이는 기계가 반복적으로 주어진 일을 자동으로 실행합니다. 반복적인 규칙을 찾아 자동화 시키면 비용도 줄일 수 있고 사람들의 삶도 더욱 편해지겠죠.

02 코딩하기

1 가장 먼저 [변수] 탭에서 '각도' 변수를 만듭니다.

2 [기본] 탭에서 [무한반복 실행]블록과 [기본] 탭 – [더보기]에서 [LED 스크린 지우기] 블록을 연결합니다.

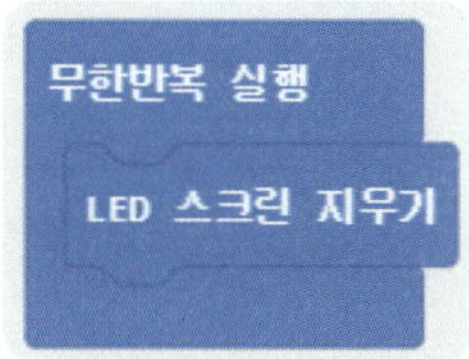

3 [변수] 탭 [각도에 ○저장] 블록의 ○에 [입력]탭 [자기센서 값] 블록을 끼우고 [LED 스크린 지우기] 블록 아래에 연결합니다.

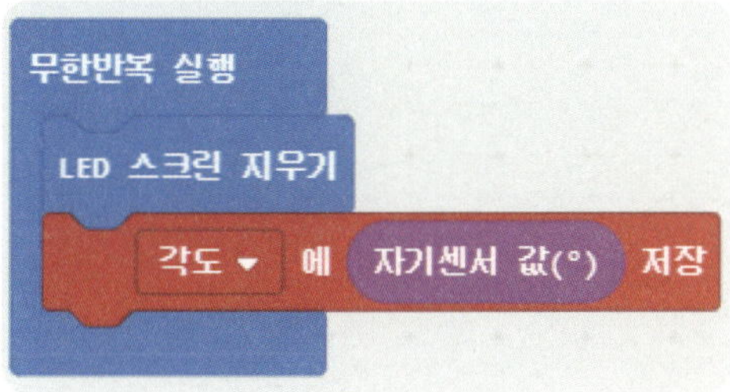

※ 나침반 각도 자세히 알아보기

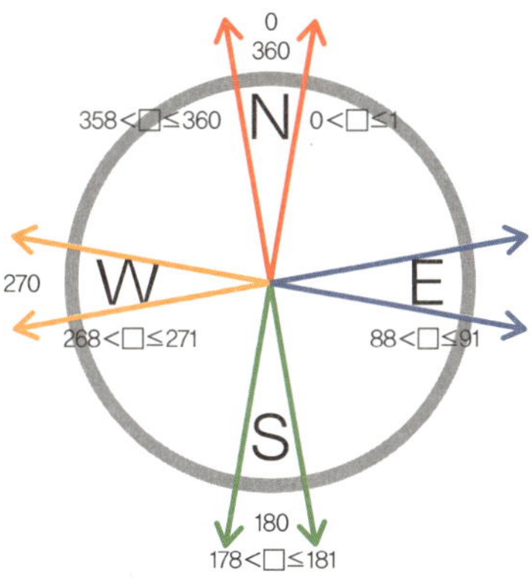

나침반은 방향에 따른 위치를 알 수 있는 도구입니다. 지구의 자기력에 의해 자침이 남과 북을 가리키게 됩니다. 나침반 바늘에서 북쪽을 가리키는 부분이 N극이고, 남쪽을 가리키는 부분이 S극이랍니다. 마이크로비트에서는 나침반의 4방위(동, 서, 남, 북)를 자기 센서 각도(°) 값으로 입력 받습니다. 각도를 넓은 범위로 표현할 수도 있지만 좀 더 정확한 방위를 나타내려면 동, 서, 남, 북의 정확한 각도 값에서 2°~3° 사이의 값으로 설정해 주는 것이 좋습니다. 동쪽은 360°에서 90°일 때입니다. 90°에 가까운 범위를 정해서 마이크로비트의 로고 부분이 동쪽을 나타낼 때 LED로 E를 나타나게끔 코딩할 수 있습니다. 나침반에서 동쪽 나타내기 알고리즘을 글로 표현해 볼까요? '자기 센서 값이 88보다 크고 91보다 작거나 같다면(89°, 90°, 91°도 일 때) 문자열 E가 나온다.' 겠죠. 4방위 모두 알고리즘을 만들고 직접 코딩해보아요!

Coding 미션 2 ⋮ 북쪽을 가리킬 때 LED에 N 출력하기

01 알고리즘 살펴보기

❶ 글로 알고리즘 작성하기

자기 센서의 값이 0°에 가까우면 LED에 'N'을 출력한다.

1.

2.

아래의 〈보기〉에서 찾아 순서대로 적어 보세요.

① LED에 'N'을 출력한다.
② 만약 자기 센서의 값이 359°, 0°, 1° 사이에 있으면

정확한 북쪽을 나타내려면?

앞서 나침반 각도를 자세하게 알아봤던 것처럼, 정확한 북쪽은 359°, 360°=0°, 1° 정도의 값으로 정하는 것이 좋습니다. 그렇다면 이 값을 논리 연산을 이용해서 나타내면 어떻게 나타낼 수 있을까요?

자기 센서 값이 다음의 범위 안에 있거나

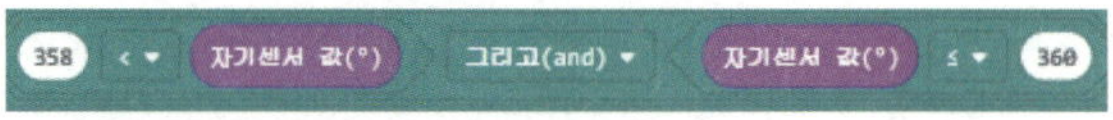

또는 다음의 범위 안에 있으면 됩니다.

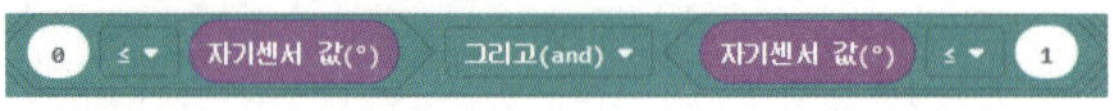

❷ 블록으로 알고리즘 살펴보기

다음은 마이크로비트를 작동시키기 위한 메이크 블록입니다. 빈칸에 들어갈 알맞은 블록을 앞서 글로 설명한 알고리즘에 맞춰 완성해 보세요.

- 다음 명령을 무한반복 실행한다.
- 일어날 수 있는 경우를 가정한다. (만약 ~이면 실행)
- < >그리고< >
- < >또는< >
- '각도' 변수가 358보다 크다.
- '각도' 변수가 360보다 작거나 같다.
- '각도' 변수가 1보다 작거나 같다.
- '각도' 변수가 0보다 크거나 같다.

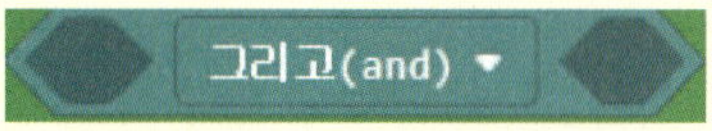

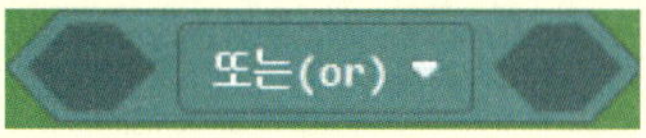

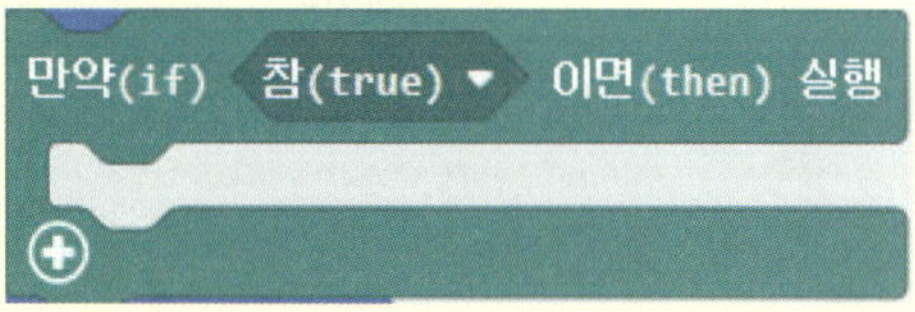

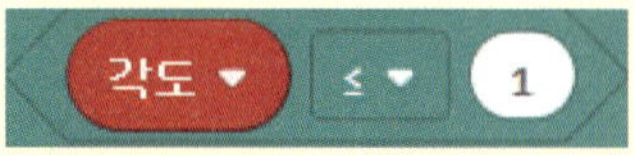

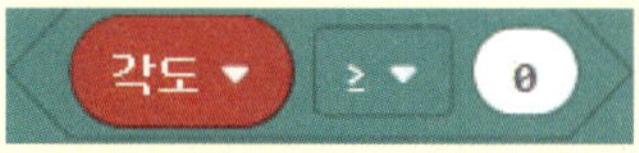

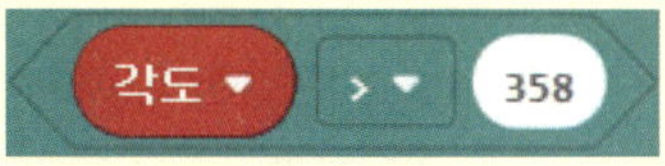

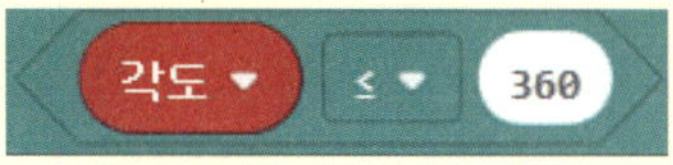

02 코딩하기

1 앞서 만들어 둔 코드에 [논리] 탭의 '만약(if) 〈참(true)〉이면(then) 실행' 블록을 준비합니다.

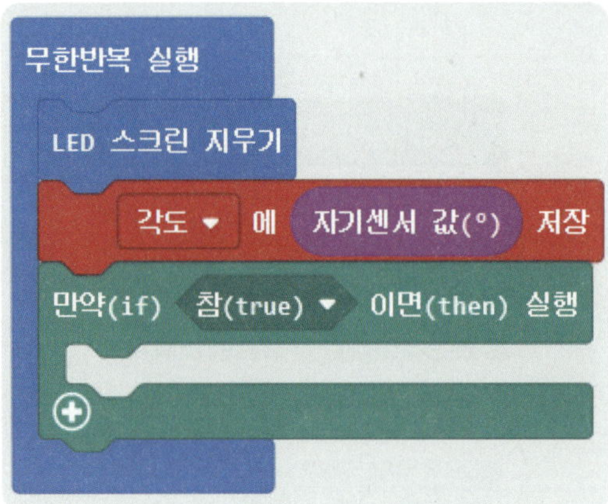

2 [논리] 탭의 논리 연산 중 '〈 〉또는(or)〈 〉' 블록을 드래그 앤 드롭 합니다.

✚ 앞에는 〈각도가 358° 보다는 크고 360° 보다 작거나 같은 범위〉를, 뒤에는 〈0° 보다는 크거나 같고 1° 보다는 작거나 같은 범위〉를 넣어주면 둘 중 하나만 조건을 맞추어도 코드가 실행됩니다.

그리고(and)와 또는(or)

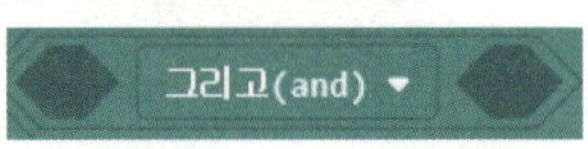

A 그리고(and) B– A와 B의 조건이 모두 맞아야 할 때

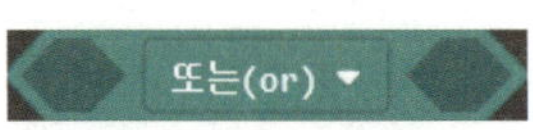

A 또는(or) B – A와 B의 조건 중 하나만 맞아도 될 때

3 [논리] 탭의 논리 연산 중 '〈 〉그리고(and)〈 〉' 블록을 이용하여 다음과 같이 범위를 정해 줍니다.

4 [기본] 탭의 '문자열 출력' 블록에 N을 입력하여 연결해 줍니다.

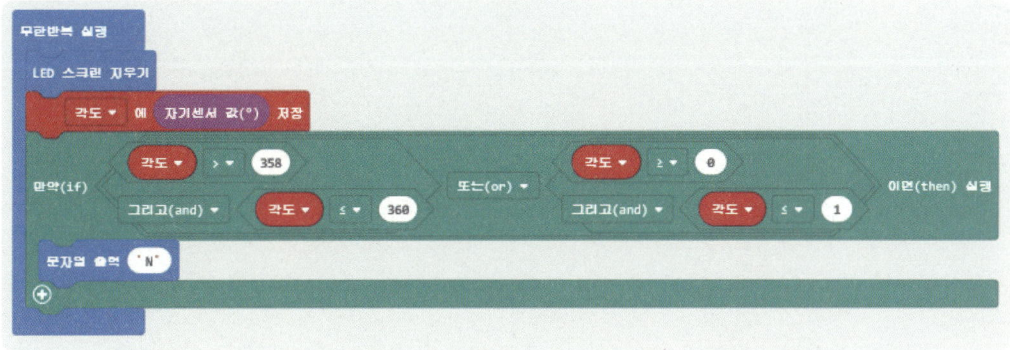

※마이크로비트에 업로드한 후 'TILT TO FILL SCREEN' 또는 'DRAW A CIRCLE' 이라는 문자열이 나오면 마이크로비트를 이리저리 돌리며 5×5 LED 매트릭스의 빛이 모두 켜지도록 해 주세요. 이 과정은 나침반을 보정하는 과정입니다. 25개 LED의 빛이 모두 켜지면 웃는 얼굴이 나옵니다. 그럼 나침반을 사용할 수 있습니다. 나침반을 들고 방향을 찾아보세요! 보정은 프로그램을 업로드한 후 한 번만 하면 됩니다.

Coding 미션 3 동쪽, 서쪽, 남쪽을 가리킬 때 LED에 E, W, S 출력하기

01 알고리즘 살펴보기

❶ 글로 알고리즘 작성하기

자기 센서의 값이 90°에 가까우면 E(동쪽), 180°에 가까우면 S(남쪽),
270°에 가까우면 W(서쪽)을 나타냅니다.

1.

2.

3.

4.

5.

6.

아래의 〈보기〉에서 찾아 순서대로 적어 보세요.

① 만약 자기 센서의 값이 89°~91° 사이에 있으면
② 만약 자기 센서의 값이 179°~181° 사이에 있으면
③만약 자기 센서의 값이 269°~271° 사이에 있으면
④ LED에 'E'를 출력한다.
⑤ LED에 'S'를 출력한다.
⑥ LED에 'W'를 출력한다.

❷ 블록으로 알고리즘 살펴보기

아래는 블록으로 나타낸 알고리즘입니다. 글로 설명한 부분에 해당하는 블록을 연결해보세요.

- 3가지 조건 블록 '만약 ◇이면 실행, 아니면서 만약 ◇이면 실행, 아니면서 만약 ◇이면 실행'
- LED에 'W'를 출력한다.
- LED에 'S'를 출력한다.
- LED에 'E'를 출력한다.
- 각도 값의 범위 269°~271°
- 각도 값의 범위 179°~181°
- 각도 값의 범위 89°~91°

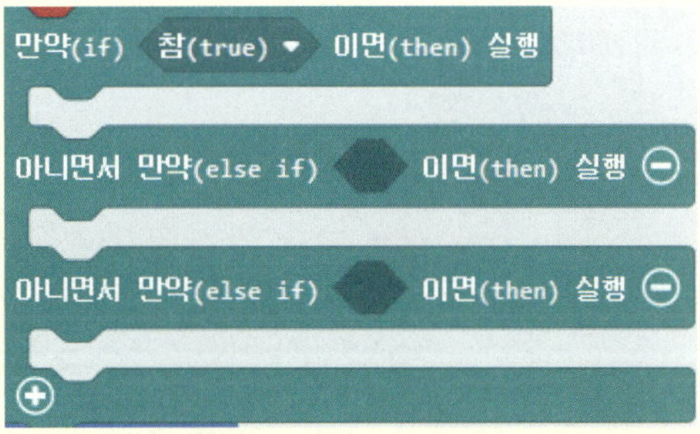

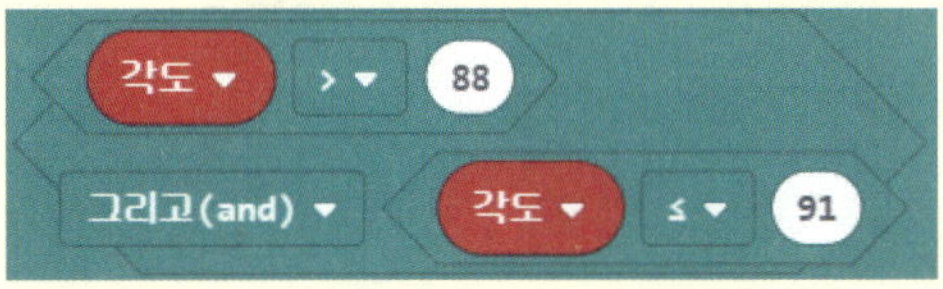

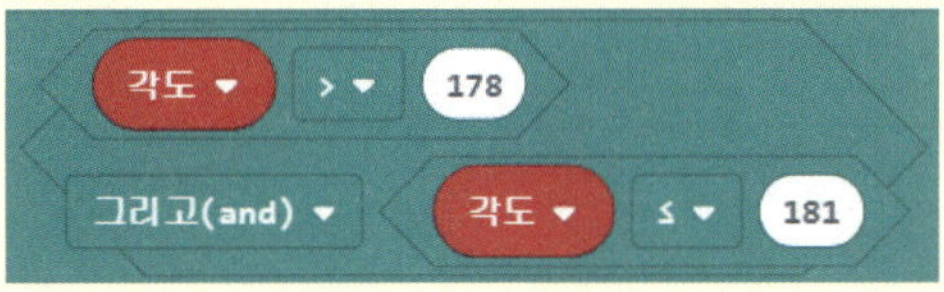

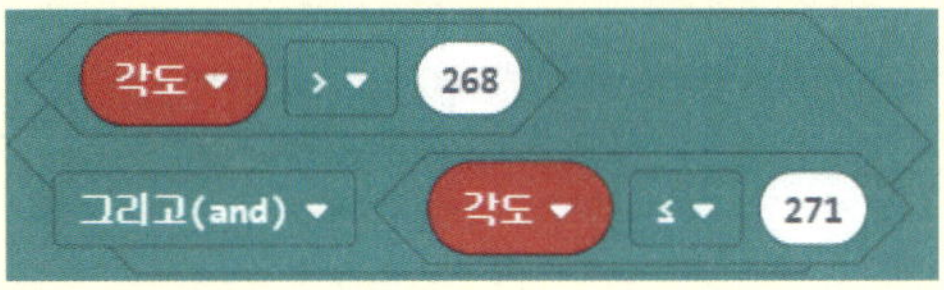

02 코딩하기

1 미션 2의 코드에서 조건 블록 '만약(if) ~이면(then) 실행'의 (+) 버튼을 4번 누르고, (−) 버튼을 1번 눌러서 설정할 수 있는 조건을 3가지 더 만듭니다.

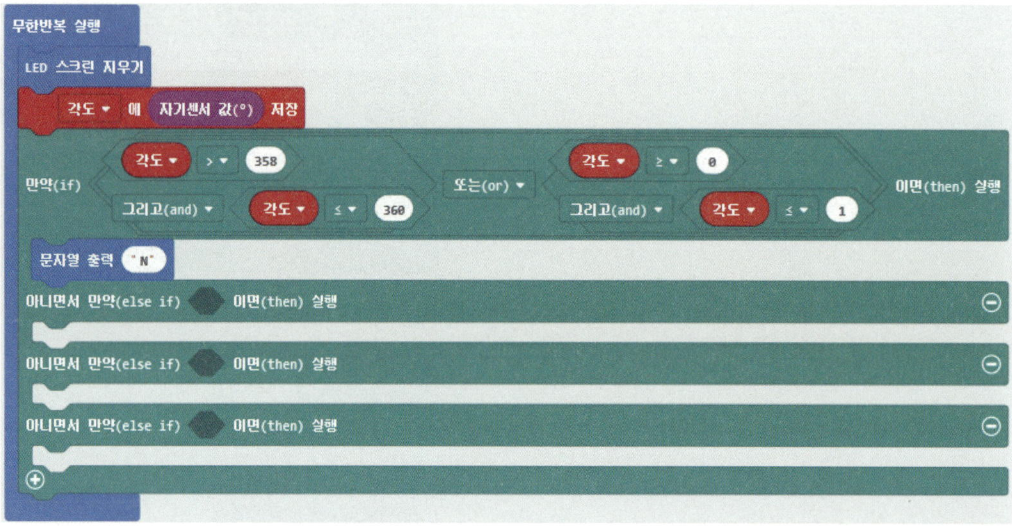

2 [논리] 탭 – '◇그리고◇'블록 앞, 뒤에 [논리]탭 – '○〈○'과 '○≤○'을 차례대로 끼웁니다. '88〈각도', '각도≤91'을 완성하면 조건이 완성됩니다.

사용 블록

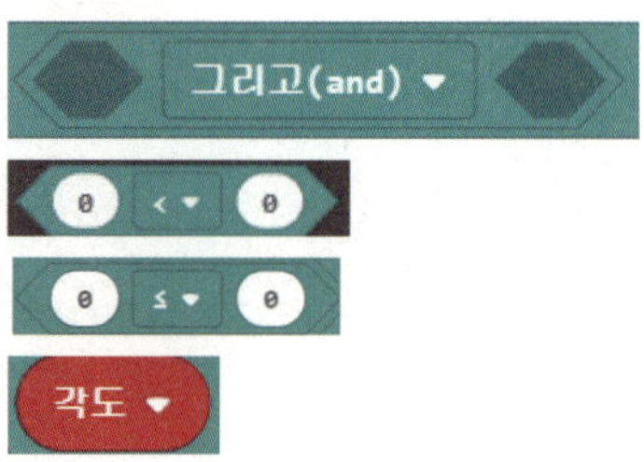

완성 블록

3 [기본] 탭 – ‘문자열 출력’블록을 가져옵니다. E를 입력하고 ‘만약◇이면 실행’블록 안쪽에 넣어서 조건에 따른 결과를 완성합니다.

사용 블록

완성 블록

4 [논리] 탭 – ‘◇그리고◇’블록 앞, 뒤에 [논리]탭 – ‘○〈○’과 ‘○≤○’을 차례대로 끼웁니다. ‘178〈각도’, ‘각도≤181’을 완성하면 조건이 완성됩니다. [기본] 탭 – ‘문자열 출력’블록을 가져옵니다. S를 입력하고 연결합니다.

사용 블록

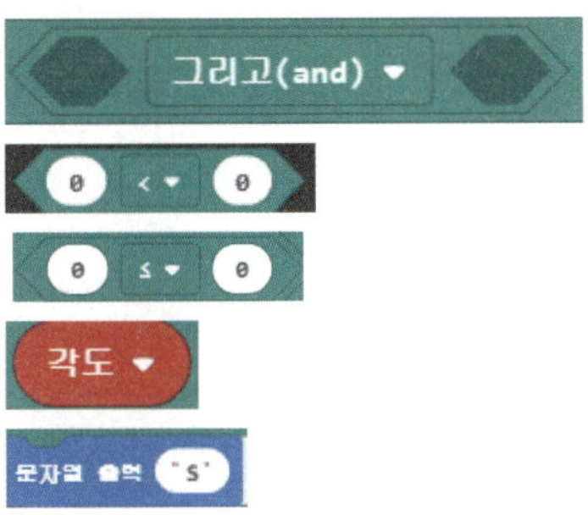

완성 블록

5 [논리] 탭 – '◇그리고◇'블록 앞, 뒤에 [논리]탭 – '○〈○'과 '○≤○'을 차례대로 끼웁니다. '268〈각도', '각도≤271'을 완성하면 조건이 완성됩니다. [기본] 탭 – '문자열 출력'블록을 가져옵니다. W를 입력하고 연결합니다.

사용 블록

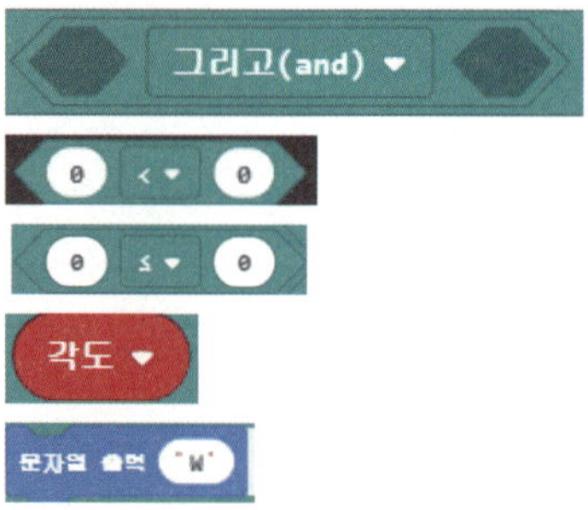

완성 블록

6 동, 남, 서 조건 블록을 다시 한번 확인합니다.

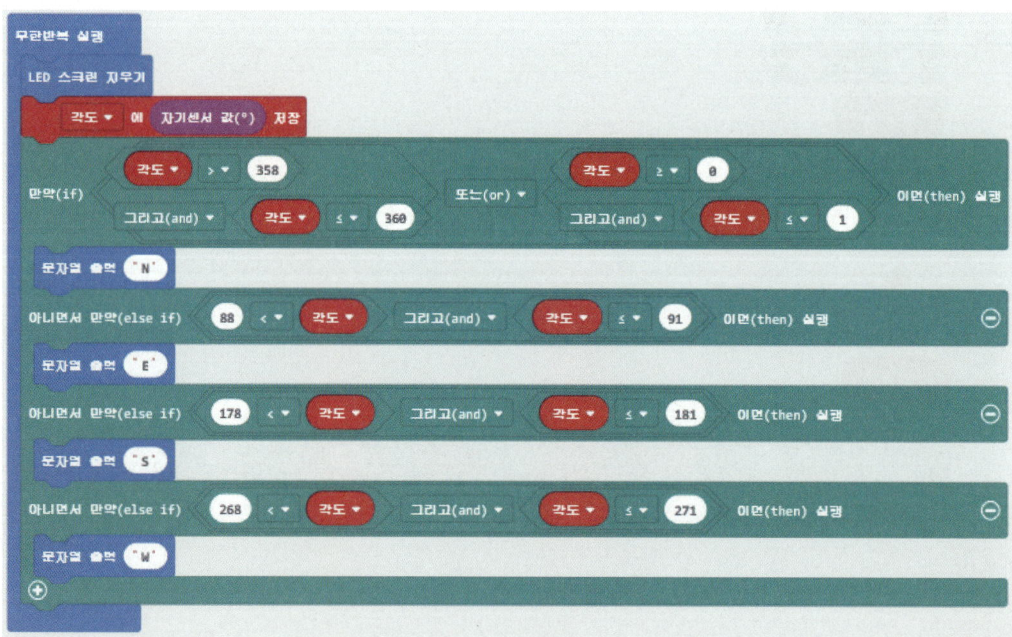

4 페이퍼 크래프트 메이킹

페이퍼 크래프트 메이킹 - 'CSI 나침반'

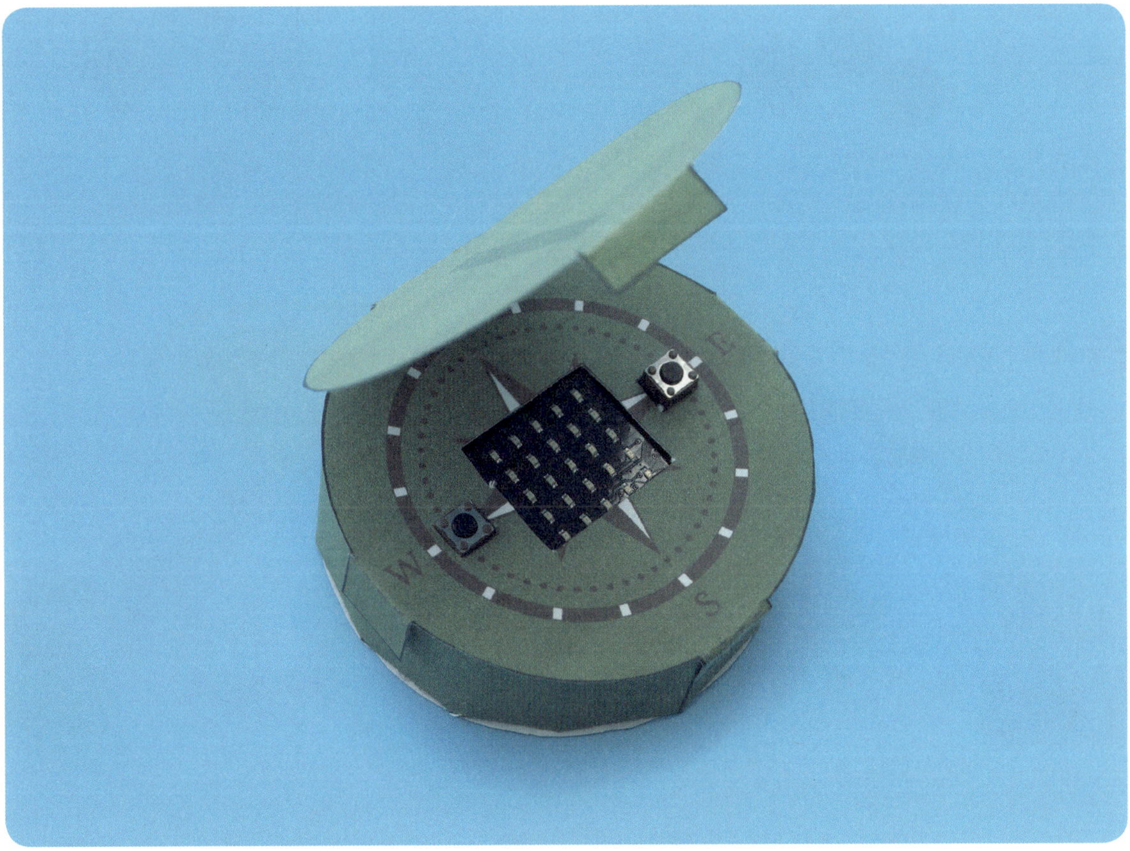

준비물				
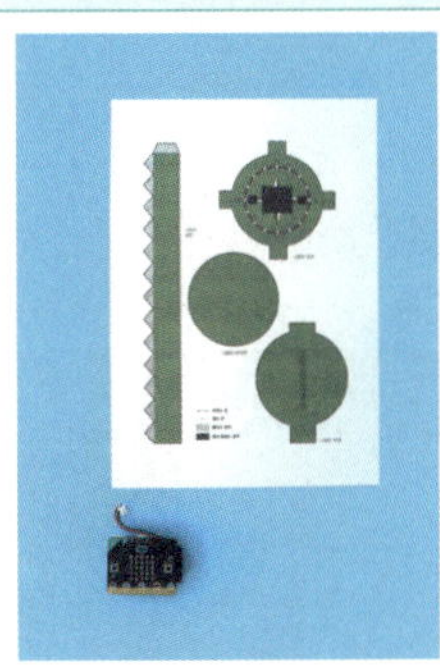	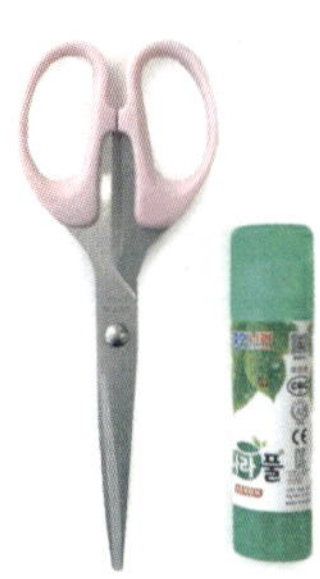	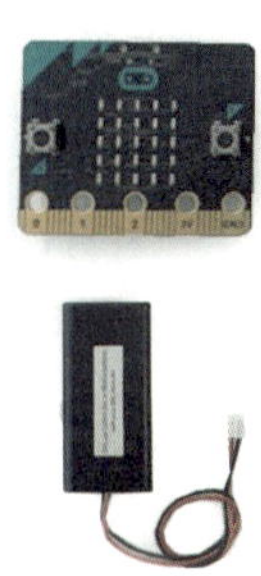		
'CSI 나침반' 페이퍼 키트	풀, 가위	마이크로비트	USB 연결선	배터리

1 'CSI 나침반' 만들기 키트를 준비해요.

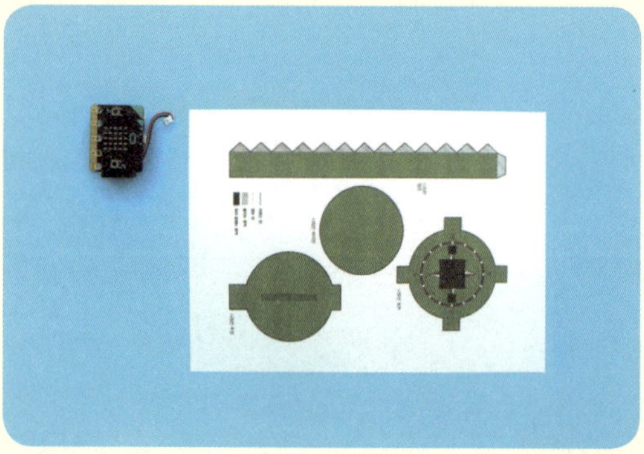

2 도안을 칼선을 따라 뜯거나 가위로 오려요.

3 테두리 부분을 점선을 따라 접어요.

4 테두리 부분과 아랫판을 붙여요.

5 마이크로비트를 끼울 부분을 정리해요.

6 마이크로비트를 뒷면에 끼워요.

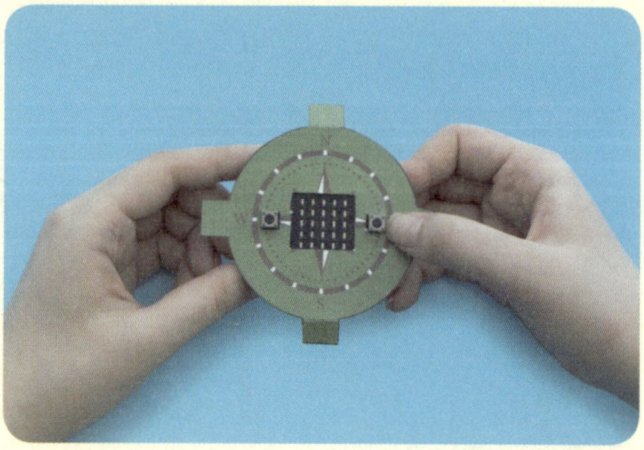

7 윗판에 풀칠을 해요.

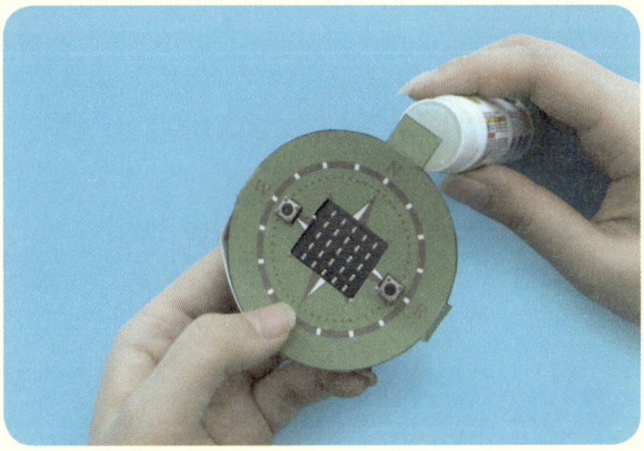

8 풀칠한 부분을 붙여요.

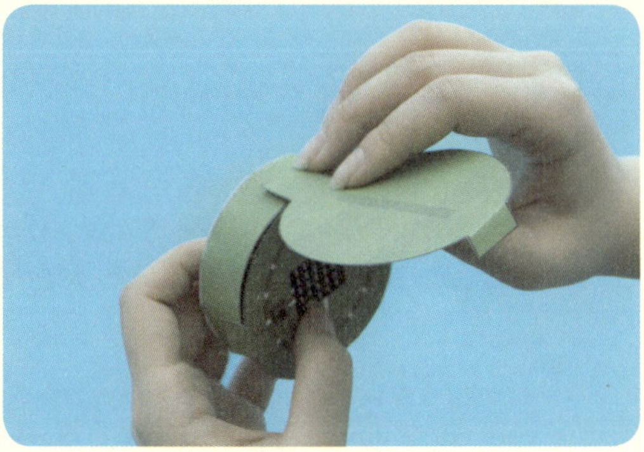

9 'CSI 나침반' 메이킹 완성!

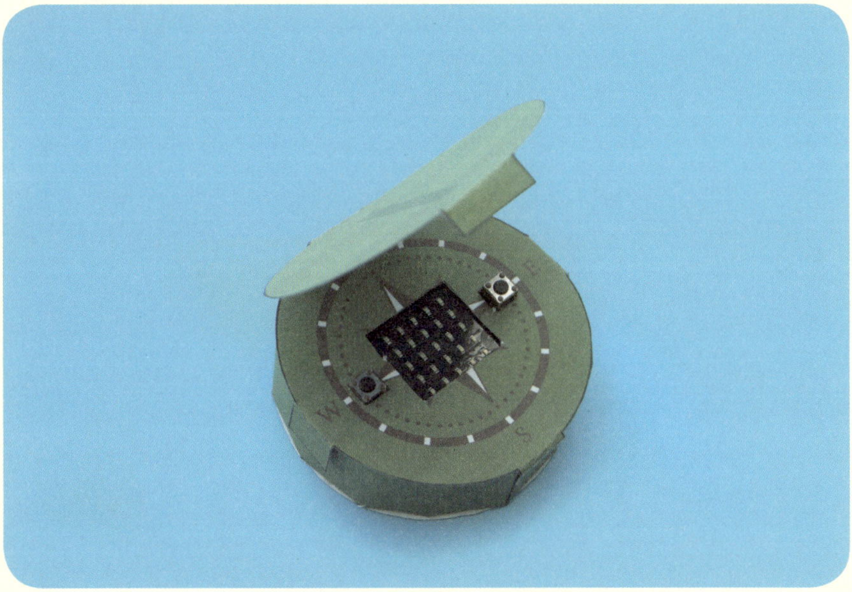

5 도전 코딩 마스터

나침반 코딩에 대해 더 알아보자!

1 마이크로비트의 나침반(자기) 센서를 사용하면, 현재의 나침반 각도를 알 수 있습니다. 다음 힌트 박스 안에 있는 블록을 활용해서 '각도를 알려주는 나침반' 코딩을 해 봅시다.

✚ 힌트

※ 나침반 8방위 알아보기

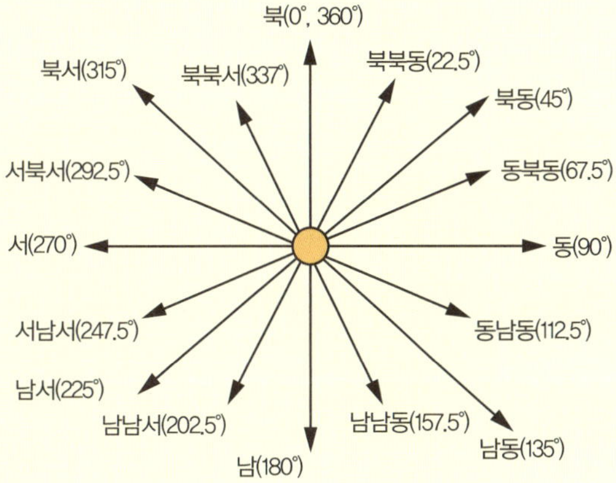

나침반은 어느 방향으로 돌리든 늘 북쪽을 알려주죠. 마이크로비트도 코딩을 통해 동일한 나침반을 만들 수 있습니다!

마이크로비트에서는 나침반의 4방위 또는 8방위를 자기 센서 각도(°) 값으로 입력 받습니다. 각도 값을 4방위인 4등분보다는 8방위인 8등분으로 범위를 나누게 되면 나침반이 좀 더 정확하게 작동할 수 있겠죠!

8방위를 구역으로 나누면 다음과 같습니다.

- 북쪽 (337.5°~22.5°)
- 북동쪽 (22.5°~67.5°)
- 동쪽(67.5°~112.5°)
- 남동쪽(112.5°~157.5°)
- 남쪽(157.5°~202.5°)
- 남서쪽(202.5°~247.5°)
- 서쪽(247.5°~292.5°)
- 북서쪽(292.5°~337.5°)

하지만 나침반 코딩을 할 때에는 동쪽과 서쪽을 반대로 생각해야 합니다. 마이크로비트가 동쪽을 향하고 있을 때에는 서쪽 화살표를 사용하여야 실제 방향으로 북쪽을 가리키게 되고, 마이크로비트가 서쪽을 향하고 있을 때에는 동쪽 화살표를 사용하여야 실제 방향으로 북쪽을 가리키게 되기 때문입니다.

이렇게 되면 마이크로비트를 돌려도 화살표는 항상 같은 곳(북쪽)을 바라보게 됩니다.

2 '나침반 8방위' 설명을 참고하여 [논리] 탭의 비교 연산 블록, [기본] 탭의 '화살표 출력' 블록을 이용하여 북쪽을 가리키는 나침반을 완성해 봅시다.

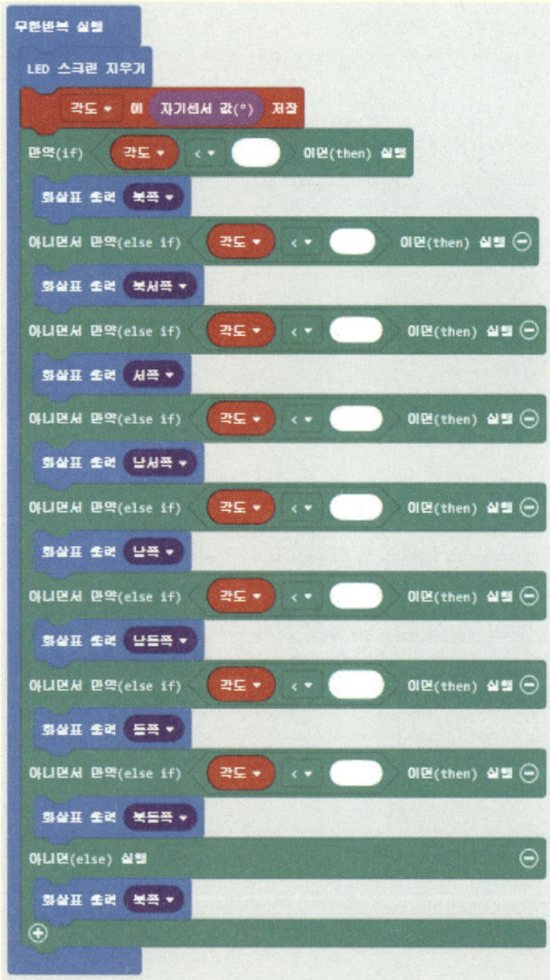

6 도전 과학 실험왕

미니 화산 폭발

부엌에 있는 재료를 이용해서 아주 간단하지만 재미있는 미니 화산 폭발 실험을 할 수 있어요. 만약 화산 분화구 부분을 만들기 어렵다면 요구르트병을 이용해요. 요구르트병에 찰흙을 붙여서 산 모양으로 만들면 된답니다. 또는 찰흙이 없다면 유리컵을 이용하면 돼요. 유리컵을 산이라고 가정하고, 유리컵에 바로 베이킹소다와 식초를 넣어주면 되지요. 단, 이 활동을 할 때에는 창문을 열어 주위를 환기하면서 하도록 해요!

준비물: 베이킹소다 또는 베이킹파우더, 식초, 빨간색 물감, 찰흙

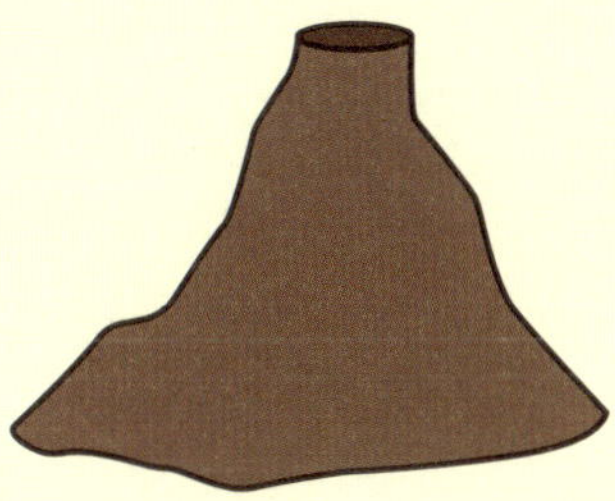

1 찰흙을 이용해서 산 모양을 만들어요. 화산 분화구가 될 가운데 부분을 비어두어요.

2 화산의 가운데 빈 곳에 베이킹소다를 3 티스푼 넣고, 빨간색 물감을 넣어요.

3 식초를 반 컵 정도 넣어요.

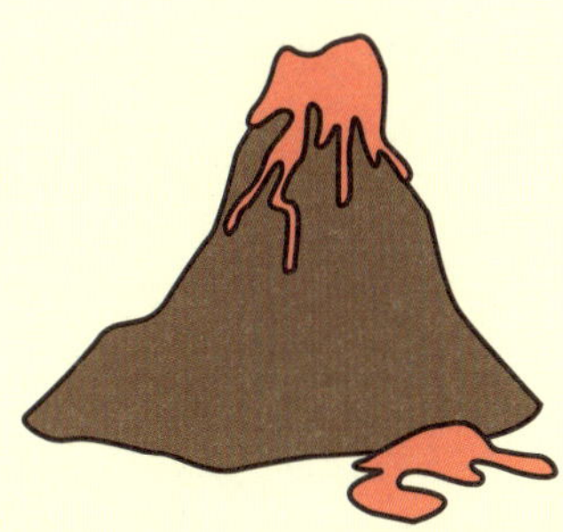

4 식초를 넣자마자 부글부글 미니화산이 폭발합니다! 베이킹소다와 식초가 만나면 이산화탄소가 발생해요.

자기장 확인하기

자기력이 미치는 공간을 자기장이라고 합니다. 자기장을 우리 두 눈으로 관찰하기 위해서는 어떻게 해야 할까요? 자석과 철가루를 이용해서 자기장을 확인해볼까요?

준비물: 자석, 철가루, 종이

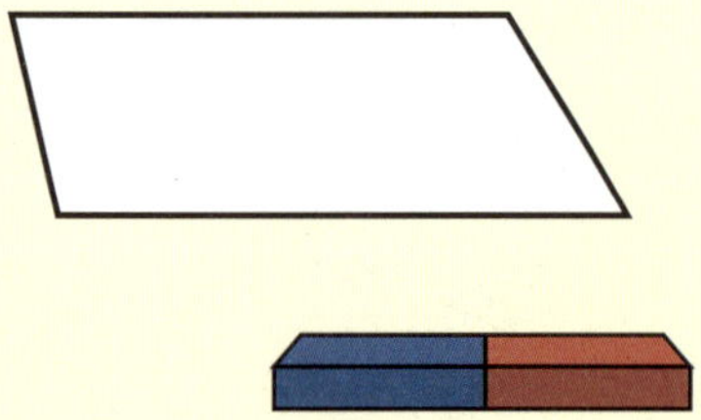

1. 막대자석을 놓고, 그 위에 종이를 올려 놓아요.

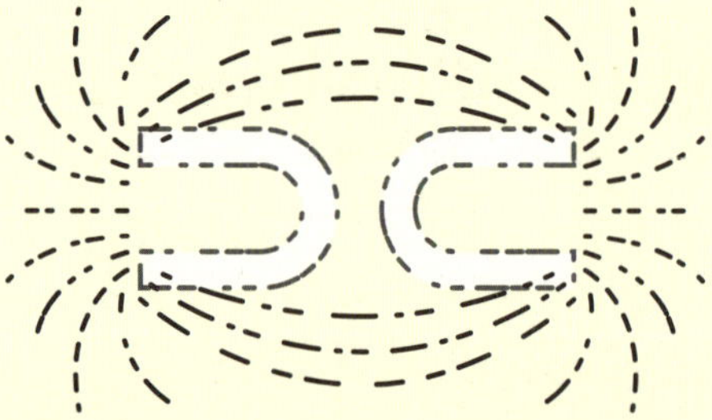

2. 종이 위에 철가루를 골고루 뿌리면, 철가루가 모양을 만들어요.

답안 프로젝트 4 미션 1. 알고리즘

01 글로 알고리즘 작성하기

다양한 각도 값을 저장할 수 있는 각도 변수를 만들고 자기 센서 값(°)을 저장해보세요.

1. 무한 반복 블록 안의 명령 블록들을 계속 실행한다.
2. LED 스크린을 지운다.
3. 각도 변수값에 자기 센서 값(°)을 저장한다.

02 블록으로 알고리즘 작성하기

무한 반복 블록 안의 명령 블록들을 계속 실행한다.	
LED 스크린을 지운다.	
각도 변수값에 자기 센서 값(°)을 저장한다.	

답안 프로젝트 4 미션 2. 알고리즘

01 글로 알고리즘 작성하기

자기 센서의 값이 0°에 가까우면 LED에 'N'을 출력한다.

1. 만약 자기 센서의 값이 359°, 0°, 1° 사이에 있으면
2. LED에 'N'을 출력한다.

02 블록으로 알고리즘 작성하기

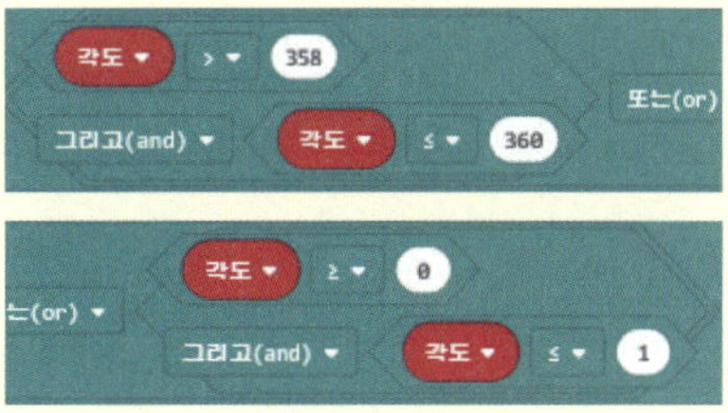

답안 프로젝트 4 | 미션 3. 알고리즘

01 알고리즘 작성하기

자기 센서의 값이 90°에 가까우면 E(동쪽), 180°에 가까우면 S(남쪽), 270°에 가까우면 W(서쪽)을 나타냅니다.

1. 만약 자기 센서의 값이 (89°~91°) 사이에 있으면
2. LED에 (E)를 출력한다.
3. 만약 자기 센서의 값이 (179°~181°) 사이에 있으면
4. LED에 (S)를 출력한다.
5. 만약 자기 센서의 값이 (269°~271°) 사이에 있으면
6. LED에 (W)를 출력한다.

02 블록으로 알고리즘 살펴보기

3가지 조건 블록 '만약 ◇이면 실행, 아니면서 만약 ◇ 이면 실행, 아니면서 만약 ◇ 이면 실행'	만약(if) 참(true) 이면(then) 실행 아니면서 만약(else if) 이면(then) 실행 아니면서 만약(else if) 이면(then) 실행	각도 값의 범위 269°~271°	각도 > 88 그리고(and) 각도 ≤ 91
LED에 'W'를 출력한다.	문자열 출력 "W"	각도 값의 범위 179°~181°	각도 > 178 그리고(and) 각도 ≤ 181
LED에 'S'를 출력한다.	문자열 출력 "S"	각도 값의 범위 89°~91°	각도 > 268 그리고(and) 각도 ≤ 271
LED에 'E'를 출력한다.	문자열 출력 "E"		

1번 답안

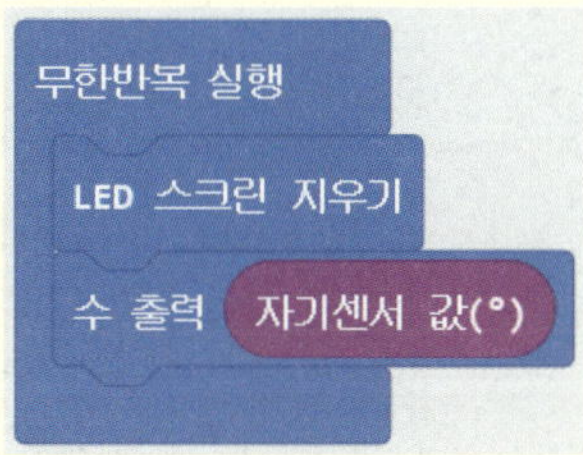
무한반복 실행
LED 스크린 지우기
수 출력 자기센서 값(°)

2번 답안

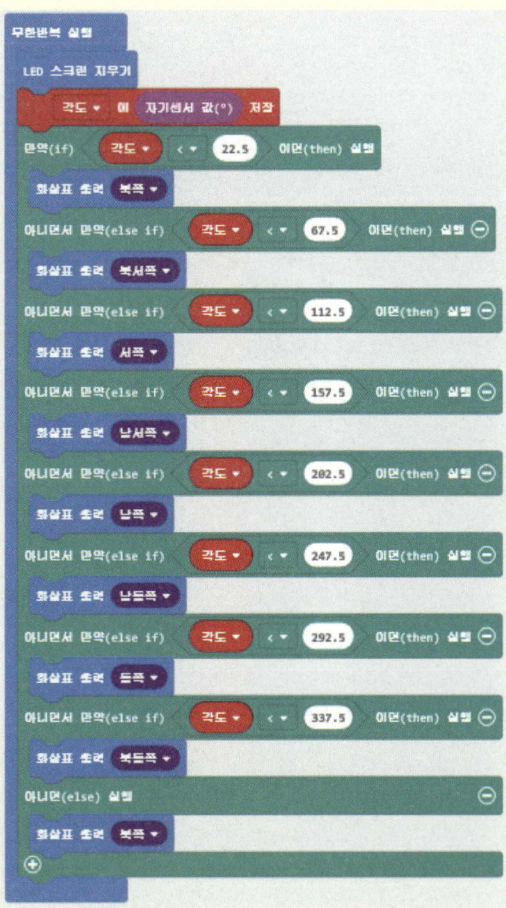
무한반복 실행
LED 스크린 지우기
각도 에 자기센서 값(°) 저장
만약(if) 각도 < 22.5 이면(then) 실행
화살표 출력 북쪽
아니면서 만약(else if) 각도 < 67.5 이면(then) 실행
화살표 출력 북서쪽
아니면서 만약(else if) 각도 < 112.5 이면(then) 실행
화살표 출력 서쪽
아니면서 만약(else if) 각도 < 157.5 이면(then) 실행
화살표 출력 남서쪽
아니면서 만약(else if) 각도 < 202.5 이면(then) 실행
화살표 출력 남쪽
아니면서 만약(else if) 각도 < 247.5 이면(then) 실행
화살표 출력 남동쪽
아니면서 만약(else if) 각도 < 292.5 이면(then) 실행
화살표 출력 동쪽
아니면서 만약(else if) 각도 < 337.5 이면(then) 실행
화살표 출력 북동쪽
아니면(else) 실행
화살표 출력 북쪽

프로젝트

5

스마트 시계, 카운트다운을 부탁해!

범인과 가까워지던 그 때! 흔들리기 시작하는 땅.
코빗과 코마는 미술품도 찾고, 범인들도 잡아야 했어요.
그리고 무엇보다도 지진을 피해 구조 헬기를 타야 했어요!

스마트워치를 사용해서 구조 헬기를 탈 수 있을까요?

프로젝트 5

스마트 시계, 카운트다운을 부탁해!

1 코딩 수사대 준비하기

1 무엇을 배워볼까요?

학습 주제	시간을 재는 스마트 시계 만들기
관련 프로그래밍 요소	순차, 조건, 변수, 반복, 수리 연산
컴퓨팅 사고력	문제 분해, 알고리즘, 자동화
프로젝트 성취 기준	실과 실과 문제를 해결하는 프로그램을 만드는 과정에서 순차, 선택, 반복 등의 구조를 이해한다. 과학 빛의 종류와 자연 재해의 과학적 개념을 이해하고 응용할 수 있다.
초등 교육과정 핵심 역량	지식 정보 처리 역량, 창의적 사고 역량

2 사용하는 기능 알기

A, B 버튼(디지털 입력(Input))

버튼을 누르는 것, 누르지 않는 것은 디지털 신호인 0과 1을 이용하는 것입니다. 버튼을 누르지 않으면 디지털 신호는 0이 되어 아무것도 작동하지 않습니다. 버튼을 누르면 디지털 신호는 1이 되어 저장된 프로그램이 실행됩니다.

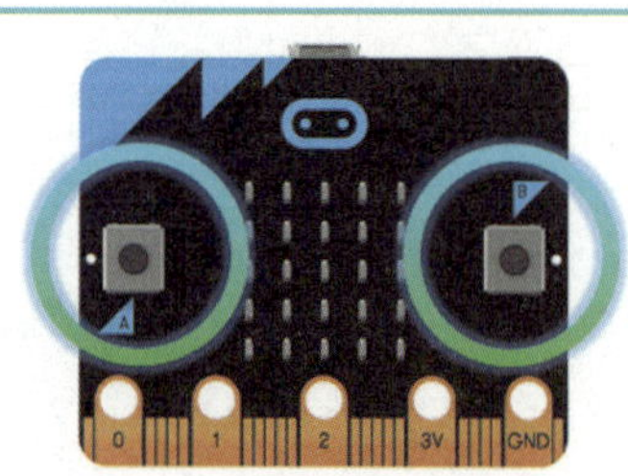

마이크로비트에는 디지털 신호를 이용하는 입력 버튼으로 A버튼과 B버튼이 있습니다. A버튼을 눌렀을 때, B버튼을 눌렀을 때, A+B버튼을 눌렀을 때 총 3개의 조건을 만들 수 있습니다. 코딩을 통해 버튼을 눌렀을 때 어떠한 동작을 하도록 설정할 수 있습니다.

Episode #5 범인을 잡아라!

+찾았다! 과학 단서!

빛의 종류

빛은 파장에 따라 적외선, 가시광선, 자외선 등으로 나뉘어요. 이 중에서 우리가 눈으로 볼 수 있는 빛을 가시광선이라고 부릅니다. 빨강, 파랑, 노랑 등 알록달록한 다양한 색이 해당되지요. 가시광선보다 파장의 긴 빛은 적외선이라고 불러요. 자동문, 리모컨, 적외선 감지기, 적외선 온도계 등 우리 주변에서 많이 이용되고 있어요. 가시광선보다 파장이 짧은 빛은 자외선이라고 부릅니다. 우리가 야외 활동을 많이 하면 피부가 검게 그을리는 것이 바로 이 자외선 때문이랍니다.

+찾았다! 과학 단서!

자연재해

자연재해란 무엇일까요? 자연재해라는 낱말은 自 스스로 자, 然 그러할 연, 災 재앙 재, 害 해할 해의 한자로 구성되어 있어요. 즉, 인간에 의해 발생하는 인재와 구별되는 의미로, 태풍, 홍수, 지진, 해일, 화산 등의 자연현상 때문에 입게 되는 피해를 의미합니다. '국민재난안전포털', '기상청 날씨누리' 등의 홈페이지에 접속해서 여러 가지 자연재해와 대피요령을 알아볼 수 있어요

타타타타-
타타-
헬리콥터 소리가 들리기 시작했다. 열심히 달리던 코빗이 다시 한 번 남은 시간을 확인하고 외쳤다.
코마! 지금으로부터 딱 10초 안에 구조 지점까지 달려 가야해. 카운트를 시작할게!
다 왔어.
타타타타
코마와 코빗은 구조지점에서 무사히 헬리콥터에 올라 탔다.
두두두두두
'도시의 밤'을 품 안에 안고 숲 속을 바라보던 코마는 지진에 겁을 먹고 우왕좌왕 하는 범인들을 볼 수 있었다.
도난당한 미술품 '도시의 밤'과 범인들 검거까지 성공한 코마와 코빗은 서로 웃으며 바라봤다.
이번에도 성공이야!
출동! CSI 코딩 수사대!!

3 코딩 미션 해결하기

Coding 미션 1 A 버튼을 누르면 LED에 1~10초 출력하기

01 알고리즘 작성하기

❶ 글로 알고리즘 작성하기

A버튼을 누르면 LED에 1부터 10까지 1초마다 숫자가 하나씩 증가하며 출력된다.

1. A 버튼을 누르면
2.
3. 아래 명령을 10번 반복한다.
4.
5.
6. 일시중지 한다(기다린다).

아래의 〈보기〉에서 찾아 순서대로 적어 보세요.

① '시간' 변수를 1로 저장한다.
② '시간'을 LED에 출력한다.
③ '시간'이 1씩 증가한다.

변수의 초기값

`시간 ▾ 에 10 저장`　`시간 ▾ 에 1 저장`

변수는 다양한 수를 담을 수 있는 '변하는 수'입니다. 그래서 처음 변수를 사용할 때에는 '초기값'을 설정해 주는 것이 중요해요! 이렇게 시간 변수를 1로 저장하면, 1부터 시작하는 시간값을 가지게 되고 시간 변수를 10으로 저장하면, 10부터 시작하는 시간값을 가지게 된답니다.

❷ 블록으로 알고리즘 살펴보기

아래는 블록으로 나타낸 알고리즘입니다. 글로 설명한 부분에 해당하는 블록을 연결해보세요.

- A버튼을 누르면
- '시간' 변수를 1로 저장한다.
- 아래 명령을 9번 반복한다.
- '시간'을 LED에 출력한다.
- '시간'이 1씩 증가한다.
- 300ms만큼 일시중지한다.
- 숫자 '10'을 출력한다.

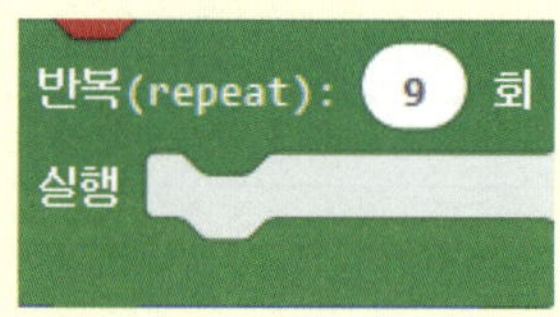

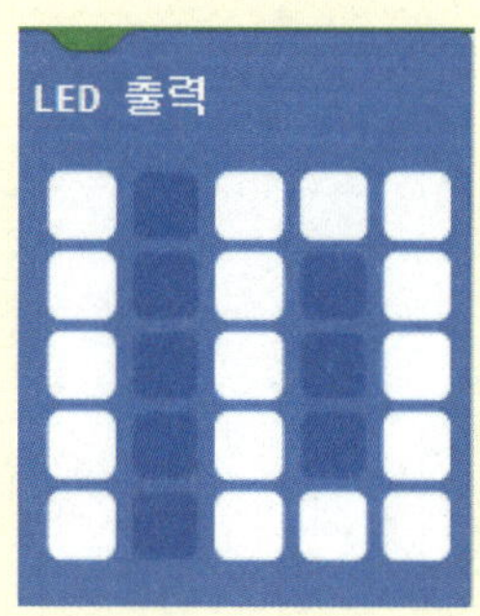

02 코딩하기

1 가장 먼저 [변수] 탭에서 '시간' 변수를 만듭니다.

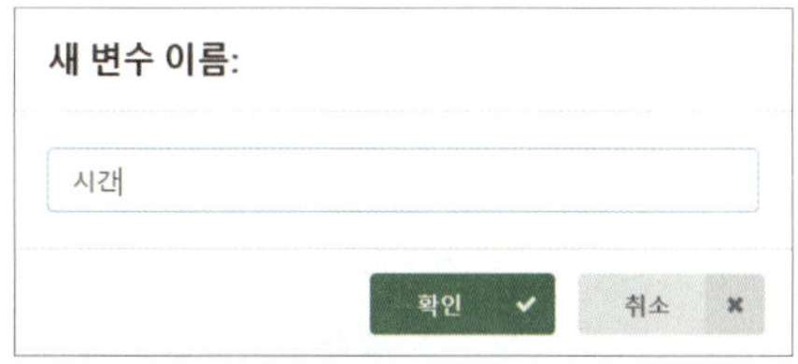

2 [입력] 탭의 'A 누르면 실행' 블록과 [변수] 탭의 '시간에 ( )저장' 블록을 결합합니다. 시간 초기값을 1로 설정합니다.

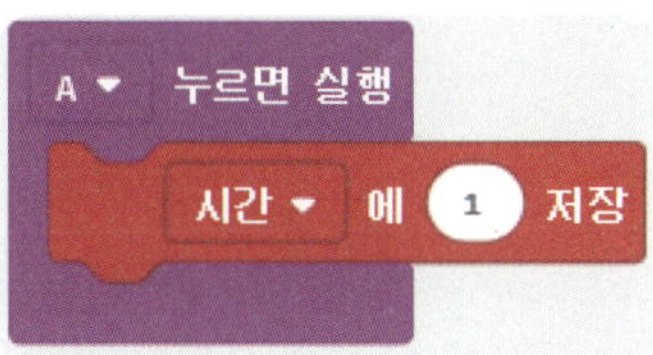

3 [반복] 탭의 '반복 ( )회 실행' 블록을 9번으로 설정합니다.

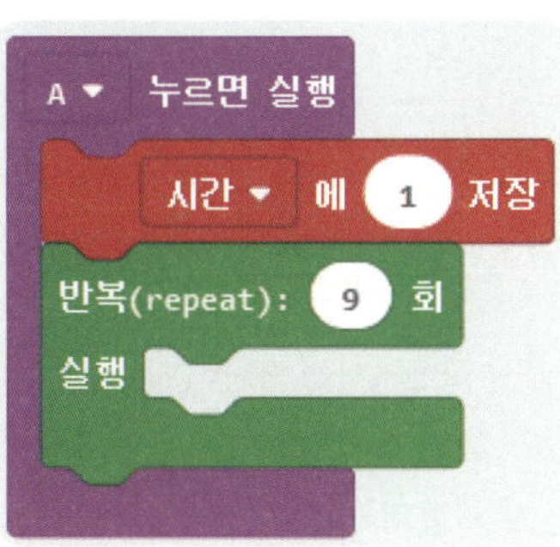

4 '시간' 변수가 LED로 출력되도록, [기본] 탭의 '수 출력' 블록과 [변수] 탭의 '시간' 블록을 결합합니다.

5 반복해서 '시간' 변수가 1씩 증가될 수 있도록 [변수] 탭의 '시간 값 ( ) 증가' 블록을 사용합니다. 이때 1씩 늘어날 수 있도록 설정합니다.

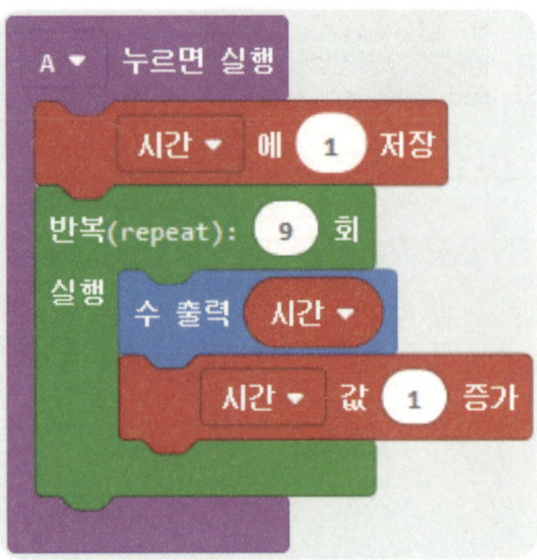

왜 1000ms가 아니고 300ms인가요?

정확히 1초를 기다린 후에 다음 변수를 출력하면 1000ms마다 변수가 바뀔텐데, 왜 코드에는 300ms를 기다리라고 할까요?

왜냐하면 실제로 숫자가 출력되는 과정에서 시간이 더 흘러가기 때문이에요. 특히 2자릿수의 숫자는 스크롤이 되기 때문에 더 긴 시간이 흘러가죠.

그래서 실제 초와 비슷하게 맞추기 위해서는 일시중지 시간이 1000ms가 아니고 300ms를 사용하고, 10초를 '수 출력' 블록 대신에 'LED 출력' 블록을 사용해서 표현하는 것이죠!

6 [기본] 탭의 '일시중지' 블록을 사용하여 300ms를 기다렸다가 시간 값이 출력되고 증가될 수 있도록 합니다.

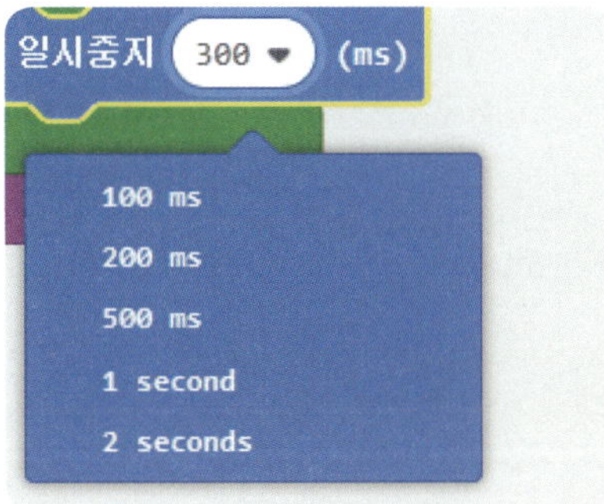

7 [기본] 탭의 'LED 출력' 블록을 사용하여 10초가 스크롤 없이 표현될 수 있도록 합니다.

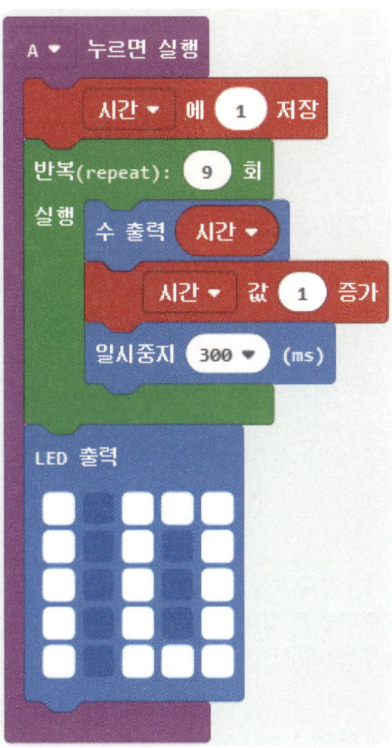

'코드를 다운받고, 실행하면 완성!'

Coding 미션 2 B 버튼을 누르면 LED에 10~0초 출력하기

01 알고리즘 작성하기

❶ 글로 알고리즘 작성하기

A버튼을 누르면 LED에 1부터 10까지 1초마다 숫자가 하나씩 증가하며 출력된다.

1. B 버튼을 누르면

2.

3. 아래 명령을 10번 반복한다.

4. 일시중지 한다(기다린다).

5.

6.

아래의 〈보기〉에서 찾아 순서대로 적어 보세요.

① '시간' 변수를 10으로 저장한다.
② '시간'을 LED에 출력한다.
③ '시간'이 1씩 감소한다.

변화하는 변수값

변수는 다양한 수를 담을 수 있는 '변하는 수'입니다. 증가하는 값을 1, 2, 3 등 다양하게 넣어 보세요. 초기 값을 설정한 숫자부터 증가 값을 설정한 만큼 계속해서 수가 변한답니다. 만약 감소시키고 싶다면 어떻게 할까요?

수직선을 생각해보면 쉬워요!

'시간 값 (−1) 증가'와 같이 −를 사용하면 돼요.

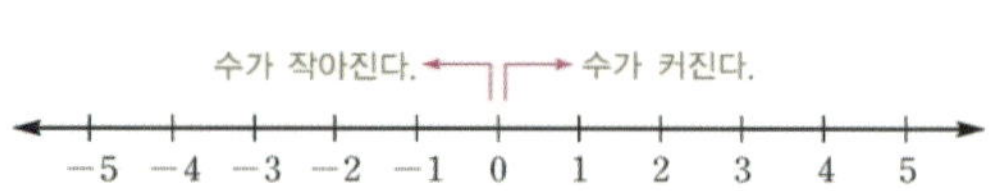

❷ 블록으로 알고리즘 살펴보기

아래는 블록으로 나타낸 알고리즘입니다. 글로 설명한 부분에 해당하는 블록을 연결해보세요.

- B버튼을 누르면 •
- '시간' 변수를 9로 저장한다. •
- 아래 명령을 10번 반복한다. •
- '시간'을 LED에 출력한다. •
- '시간'이 1씩 증가한다. •
- 300ms만큼 일시중지한다. •
- 숫자 '10'을 출력한다. •

• 

• 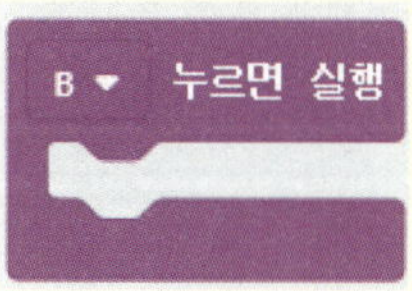

• 

• 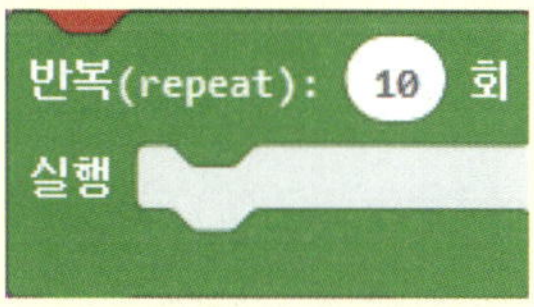

• 

• 

• 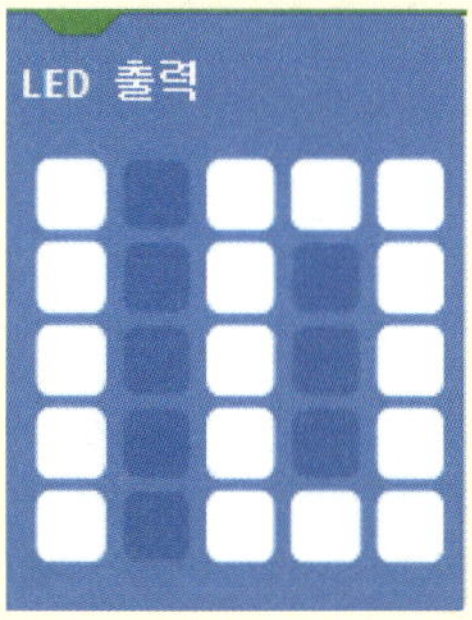

02 코딩하기

미션 1에서 코딩했던 것과 마찬가지 방법으로 [입력] 탭의 'B 누르면 실행'블록, [변수] 탭의 '시간에 ( )저장', '시간', '시간 값 ( ) 증가' 블록, [반복] 탭의 '반복 ( )회 실행', [기본] 탭의 '수 출력', '일시정지', '아이콘 출력'블록을 이용하여 B 버튼을 누르면 10부터 0까지 카운트 다운하는 코드를 만들어 봅시다.

1. [입력] 탭의 'B 누르면 실행' 블록과 [기본] 탭의 'LED 출력' 블록을 결합합니다.

2. [변수] 탭의 '시간에 ( )저장' 블록을 결합합니다. 시간 초기값을 9로 설정합니다.

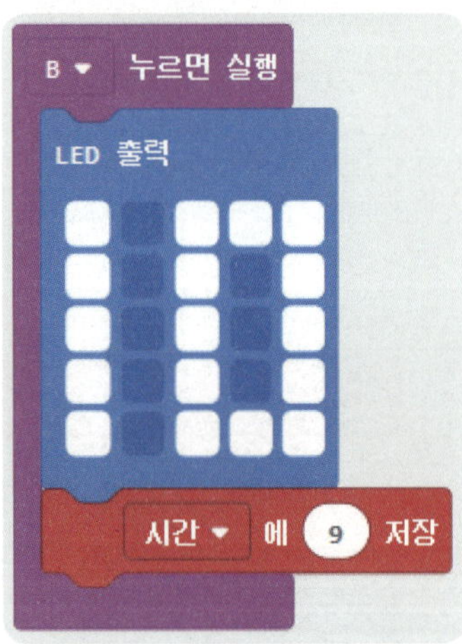

스크롤 하는 시간

초시계는 정확히 시간을 맞춰야 하기 때문에, 두 자릿 수 이상인 '10'은 자동으로 스크롤이 되느라 시간이 실제보다 더 늦어져요. 이 오류를 줄이기 위해 LED 출력 블록으로 10을 그려서 출력하고, '시간' 변수의 초기값은 10이 아닌 9로 정할 수 있답니다.

3 [반복] 탭의 '반복 (   )회 실행' 블록을 10번으로 설정합니다.

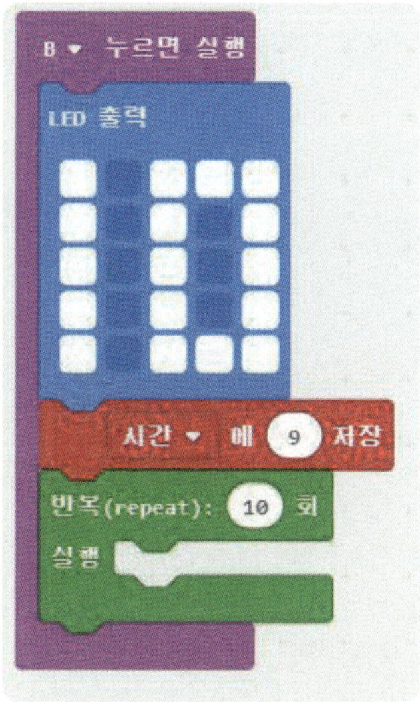

4 300ms 후에 수를 출력하고, –1이 감소되는 것을 반복하기 위해 다음과 같이 반복될 블록을 결합합니다.

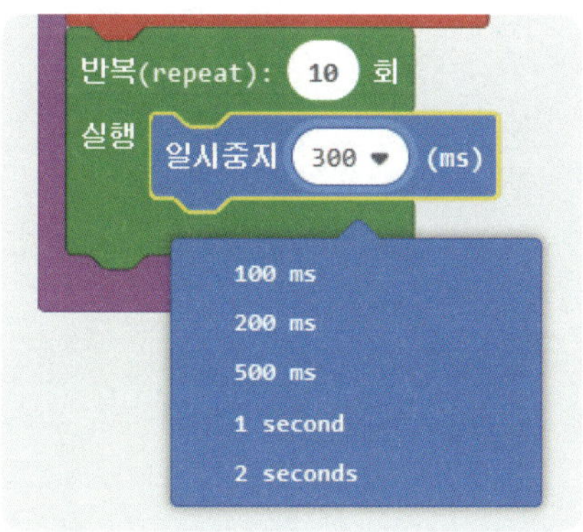

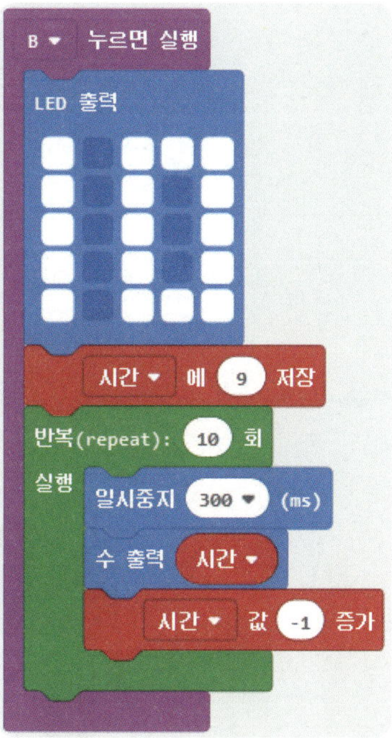

'코드를 다운받고, 실행하면 완성!'

4 페이퍼 크래프트 메이킹

페이퍼 크래프트 메이킹 – '스마트 시계'

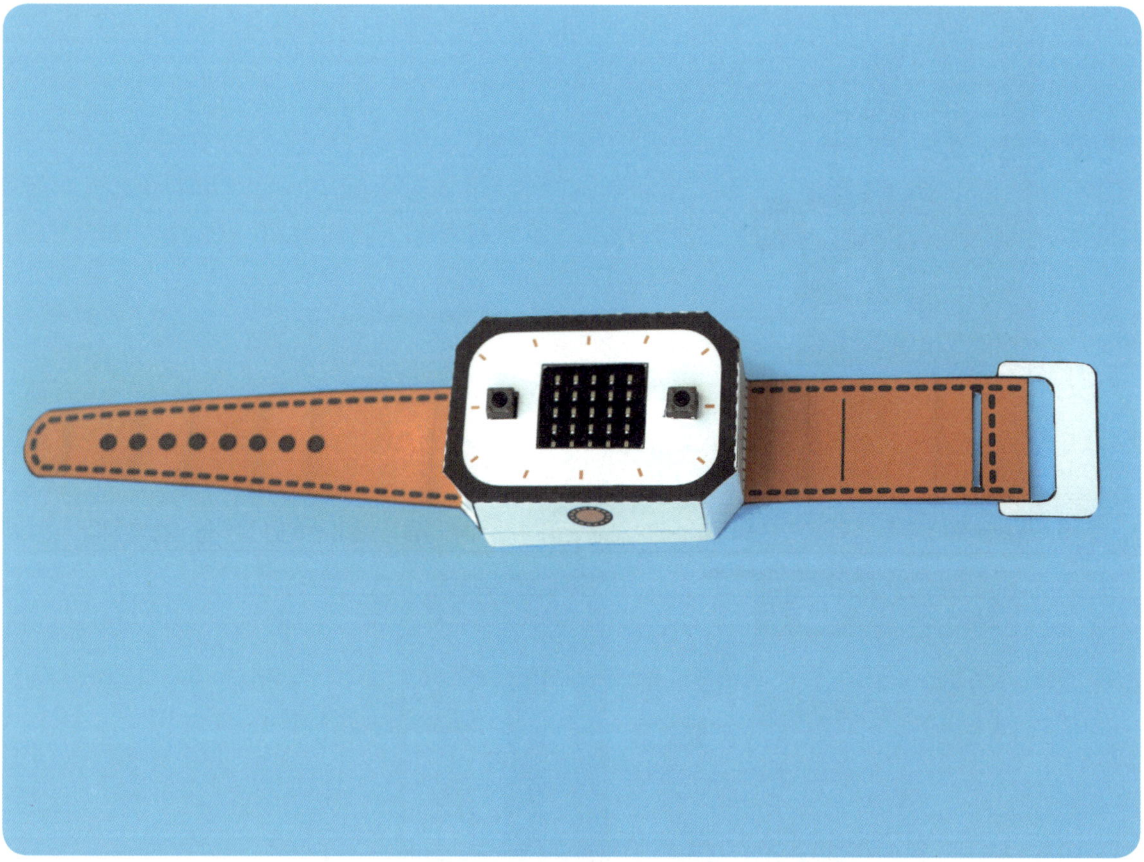

준비물				
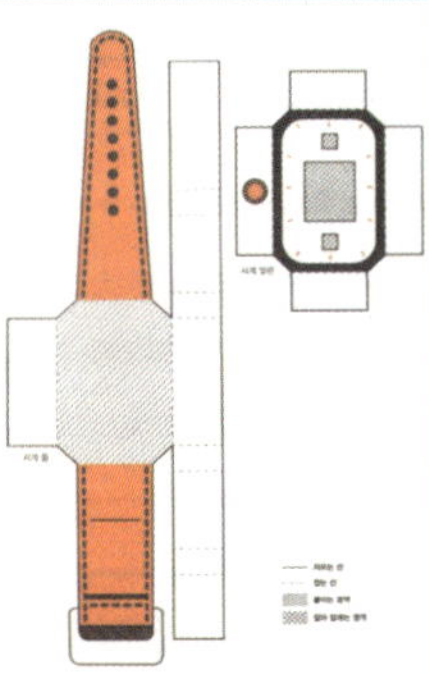	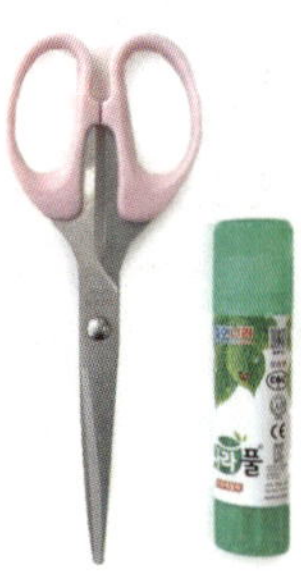	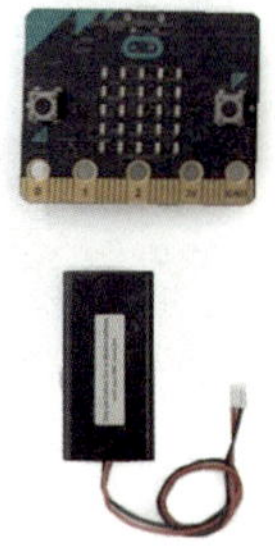		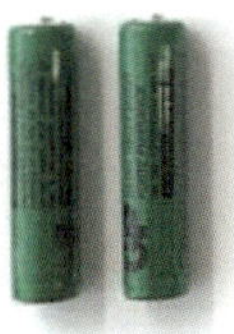
'스마트 시계' 페이퍼 키트	풀, 가위	마이크로비트	USB 연결선	배터리

1. '스마트 시계' 만들기 키트를 준비해요.

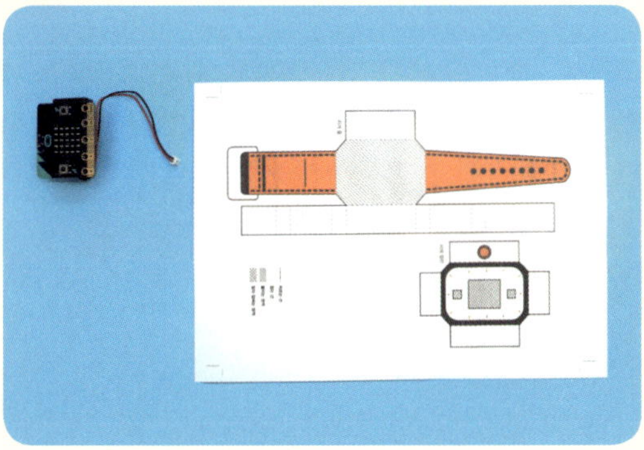

2. 도안을 칼선을 따라 뜯거나 가위로 오려요.

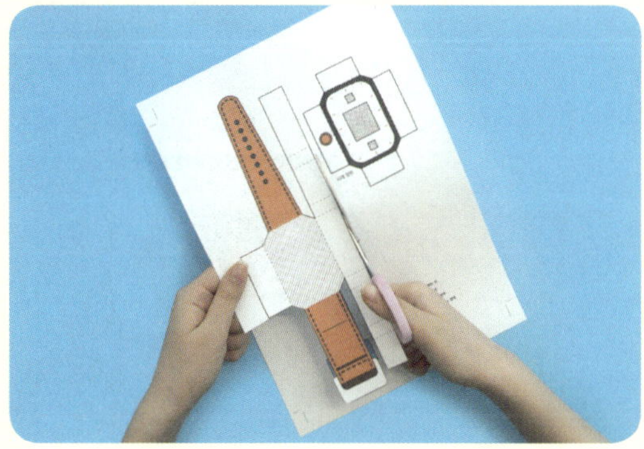

3. 끝 부분(연결 부분)을 정리해요.

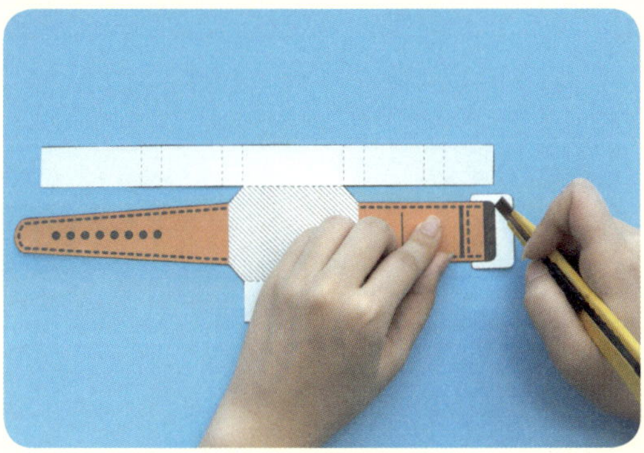

4. 시계 옆면 부분을 접어요.

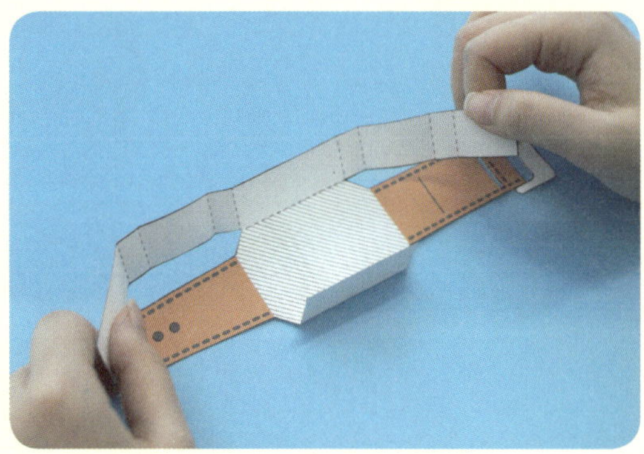

5. 시계 옆면 부분을 붙여요.

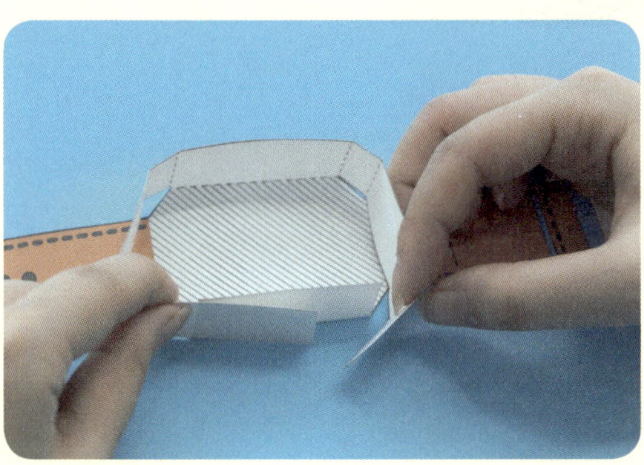

6. 마이크로비트를 끼울 부분을 정리하고, 뒷면에 끼워요.

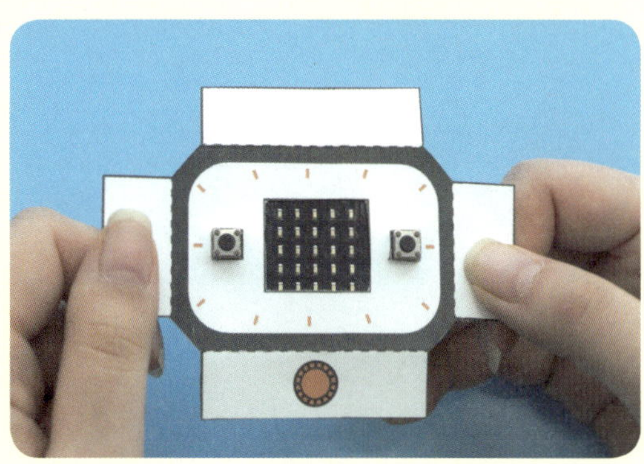

7 마이크로비트가 끼워진 도안의 옆부분을 접어요.

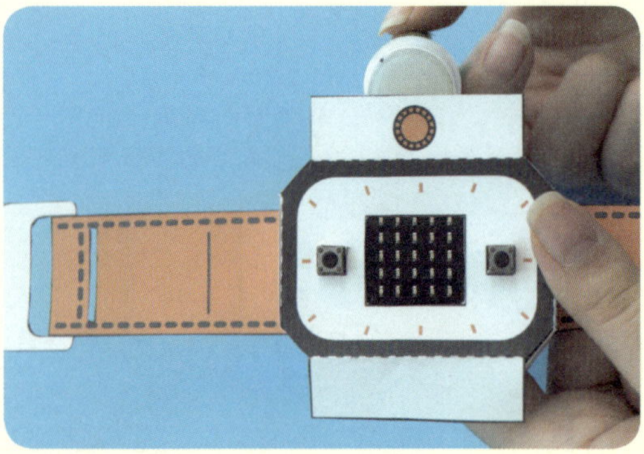

8 마이크로비트가 끼워진 도안을 풀로 붙여요.

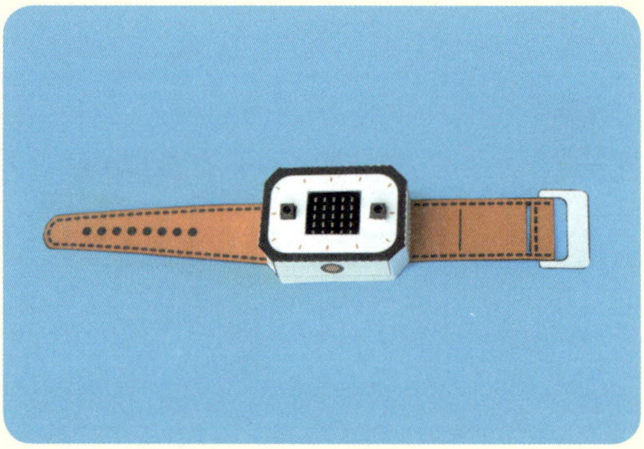

9 '스마트 시계' 메이킹 완성!

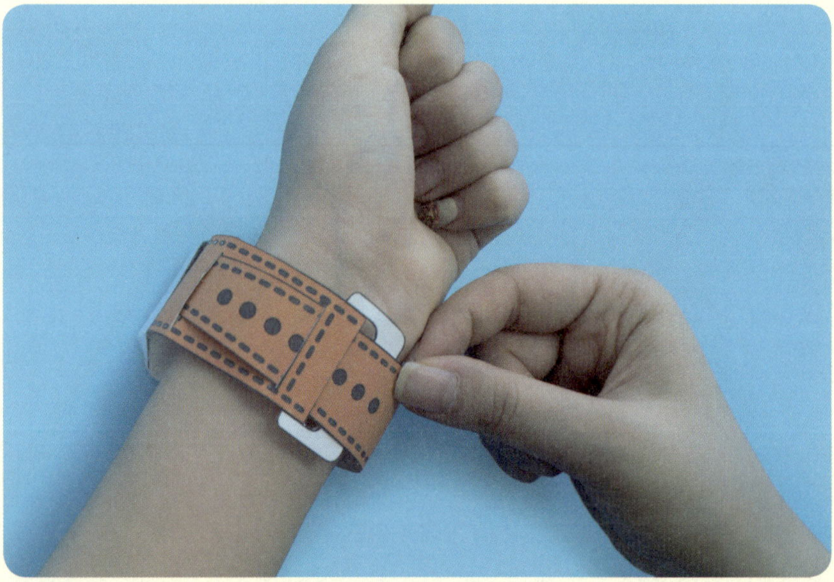

5 도전 코딩 마스터

또 다른 기능을 탐색해 볼까요?

스탑워치를 시작할 때 시작음이 울린다면 어떨까요? 또는 스탑워치가 끝나가기 직전에 경고음이 울린다면? 스마트 워치를 더욱 효과적으로 사용할 수 있겠죠? 마이크로비트에는 스피커가 내장되어 있지 않지만, 우리는 간단한 방법으로 마이크로비트의 [음악] 블록을 활용할 수 있답니다.

준비물	
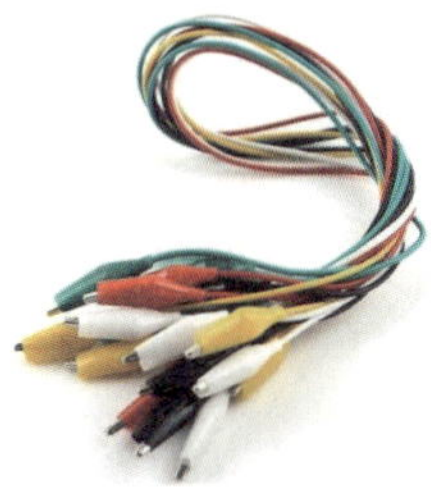	
악어클립 2개	이어폰, 스피커

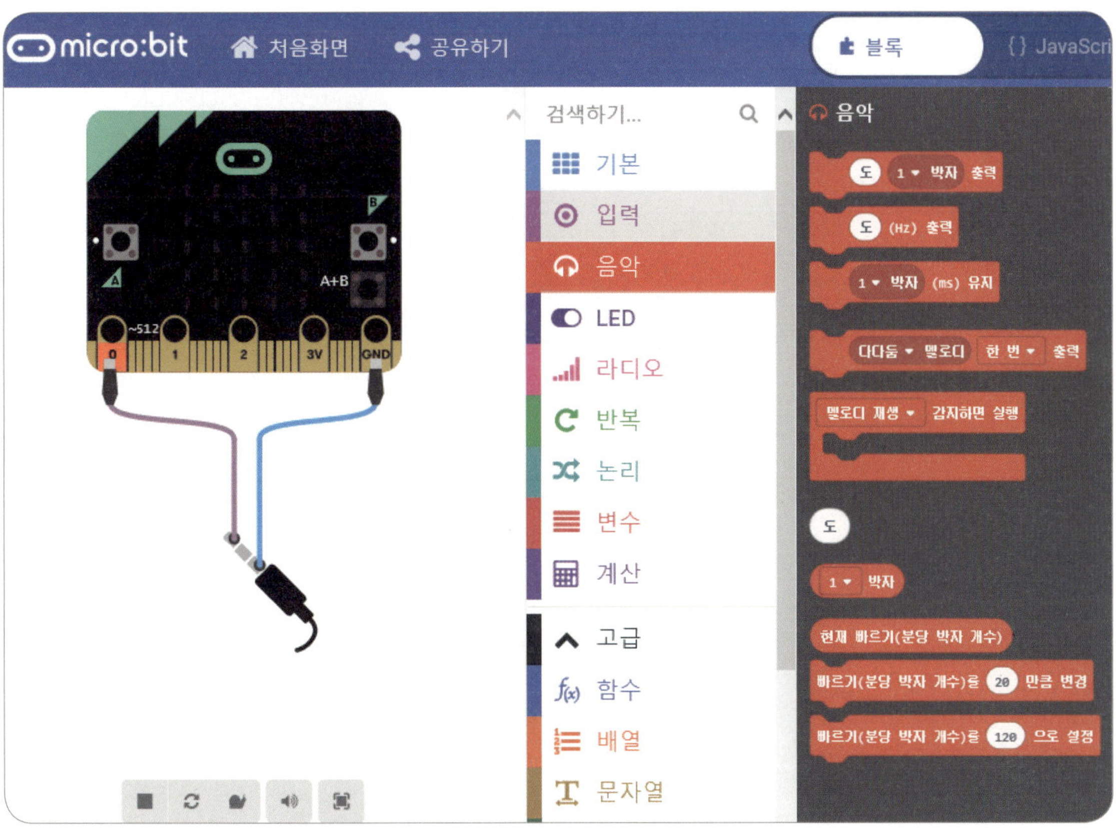

[음악] 탭의 블록을 실행시키면, 시뮬레이터의 모습이 변하는 것을 볼 수 있습니다. 시뮬레이터의 연결 모습 대로 악어 케이블 한쪽은 p0에, 다른 한 쪽은 이어폰이나 스피커의 출력 전선의 단자에 연결합니다. 또 다른 악어 케이블의 한쪽은 GND에, 다른 한 쪽은 동일하게 이어폰이나 스피커의 출력 전선의 단자에 연결합니다.

1 [음악] 탭에 있는 블록을 쌓아 직접 음악을 재생시켜 보세요!

2 스마트 워치의 코드에서 [음악] 탭에 있는 블록을 활용하여 더욱 효과적인 기능을 할 수 있도록 해 봅시다.

조건
1. 프로젝트 5 - 미션 2 활용하기 2. 시작할 때 음악 나오기 3. 끝나기 3초 전에 효과음 나오기 (10 번 반복으로 한꺼번에 묶여있는 명령을 세분화 하여야 합니다.) 4. 끝났을 때 음악 나오기

6 도전 과학 실험왕

무지개 만들기

빛에는 적외선, 자외선처럼 우리 눈에 보이지 않는 빛이 있는 반면에 우리 눈에 잘 보이는 가시광선도 있어요. 실내에서 알록달록 예쁜 무지개를 만들어서 가시광선을 확인해볼까요?

준비물: 손전등, CD, 물, 투명한 그릇

1. 조명을 꺼서 어둡게 만든 후, CD에 손전등을 비춰요. 무지개를 관찰할 수 있어요. 단, 이 때 CD 윗면에 칼집을 낸 후 투명테이프로 윗면의 필름을 벗겨낸 후 사용해야 해요.
2. 투명한 그릇에 물을 담고 조명을 꺼서 어둡게 만든 후, 물에 비스듬히 손전등을 비춰요. 무지개를 찾을 수 있어요.

자연재해 대피요령 조사하기

우리가 살아가면서 겪게 되거나 매체를 통해 보게 되는 자연재해. 자연재해가 발생하면 어떻게 행동해야 할지 자연재해 대피요령을 조사해보아요!

준비물: 스마트 기기, 종이, 필기도구

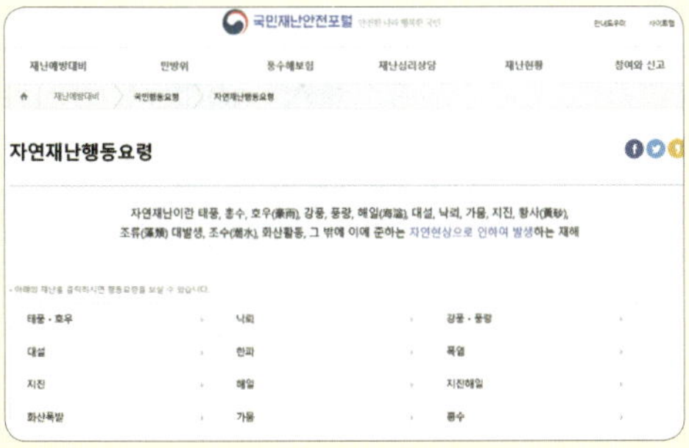

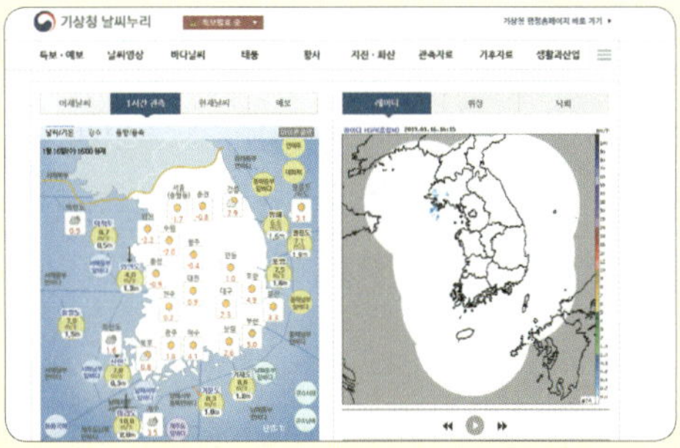

1. 〈국민재난안전포털〉 홈페이지에 접속해서 자연재난행동요령을 알아보아요.
2. 〈기상청 날씨누리〉 홈페이지에 접속해서 평소에 궁금했던 내용을 조사해보아요.
3. 검색창이나 유튜브에 '자연재해 대피 요령' 또는 구체적인 자연재해 종류 중 하나의 이름을 써서 대비방법을 조사해요.

미션 1. 알고리즘

01 알고리즘 작성하기

A버튼을 누르면 LED에 1부터 10까지 1초마다 숫자가 하나씩 증가하며 출력된다.

1. A 버튼을 누르면

2. '시간' 변수를 1로 저장한다.

3. 아래 명령을 10번 반복한다.

4. '시간'을 LED에 출력한다.

5. '시간'이 1씩 증가한다.

6. 일시중지 한다(기다린다).

02 블록으로 알고리즘 작성하기

A버튼을 누르면

'시간' 변수를 1로 저장한다.

아래 명령을 9번 반복한다.

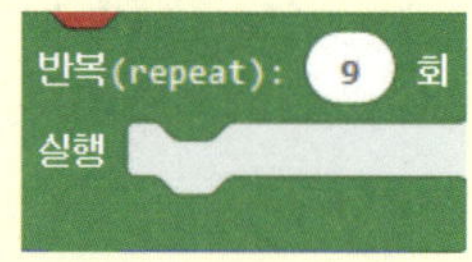

'시간'을 LED에 출력한다.

'시간'이 1씩 증가한다.

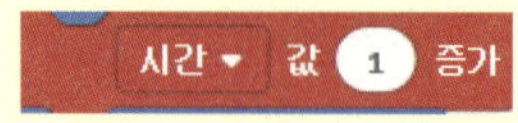

300ms만큼 일시중지한다.

숫자 '10'을 출력한다.

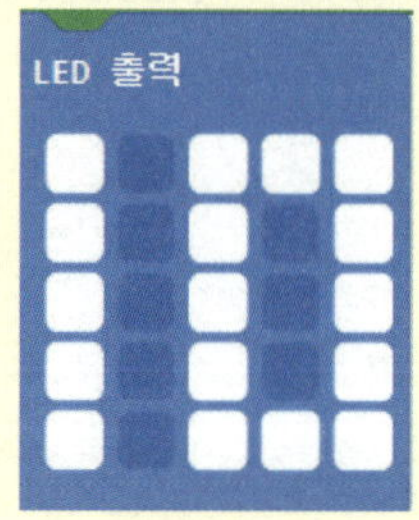

01 알고리즘 작성하기

A버튼을 누르면 LED에 1부터 10까지 1초마다 숫자가 하나씩 증가하며 출력된다.

1. B 버튼을 누르면
2. '시간' 변수를 10으로 저장한다.
3. 아래 명령을 10번 반복한다.
4. 일시중지 한다(기다린다).
5. '시간'을 LED에 출력한다.
6. '시간'이 1씩 감소한다.

02 블록으로 알고리즘 작성하기

B버튼을 누르면

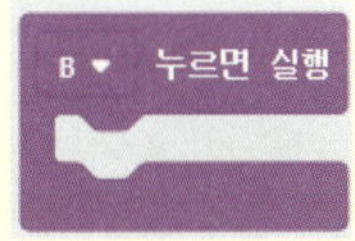

'시간' 변수를 9로 저장한다.

아래 명령을 10번 반복한다.

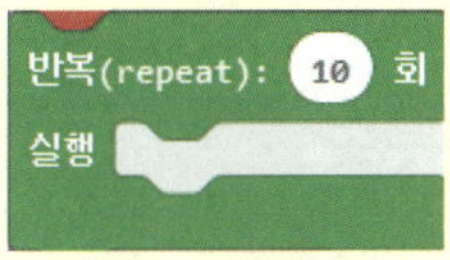

'시간'을 LED에 출력한다.

'시간'이 1씩 증가한다.

300ms만큼 일시중지한다.

숫자 '10'을 출력한다.

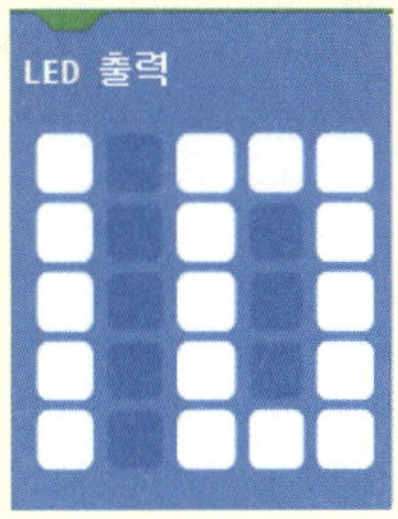

2번 답안

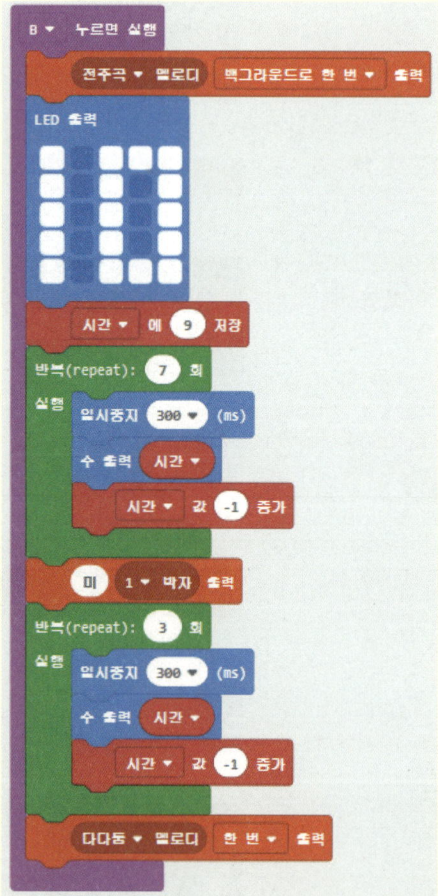
B ▾ 누르면 실행
전주곡 ▾ 멜로디 백그라운드로 한 번 ▾ 출력
LED 출력
시간 ▾ 에 9 저장
반복(repeat): 7 회
실행
일시중지 300 ▾ (ms)
수 출력 시간 ▾
시간 ▾ 값 -1 증가
미 1 ▾ 박자 출력
반복(repeat): 3 회
실행
일시중지 300 ▾ (ms)
수 출력 시간 ▾
시간 ▾ 값 -1 증가
다다둥 ▾ 멜로디 한 번 ▾ 출력

코딩 & 과학 동시에 잡는

CSI 코딩 수사대

인쇄 : 2020년 5월 20일 초판 1쇄
발행 : 2020년 5월 29일 초판 1쇄

저자 : 권정민, 권정아, 전석주

발행인 : 송준
발행처 : 도서출판 홍릉

주 소 : 서울시 강북구 인수봉로 50길 10
전 화 : 02-999-2274~5 **팩 스** : 02-905-6729
e-mail : hongpub@hongpub.co.kr
홈페이지 : www.hongpub.co.kr

편집 진행 : 앤미디어(master@nmediabook.com) | **전산 편집** : 앤미디어 | **표지** : 앤미디어

Copyright©도서출판 홍릉, 2020, Printed in Korea
ISBN : 979-11-5600-776-0(74000)
정 가 : 13,000원

파본이나 잘못된 책은 교환하여 드립니다.

※ 이 책은 도서출판 홍릉에서 독점계약 발행한 것으로 내용, 사진, 그림 등의 전부나 일부의 무단 복제 및 무단 전사를 금합니다.

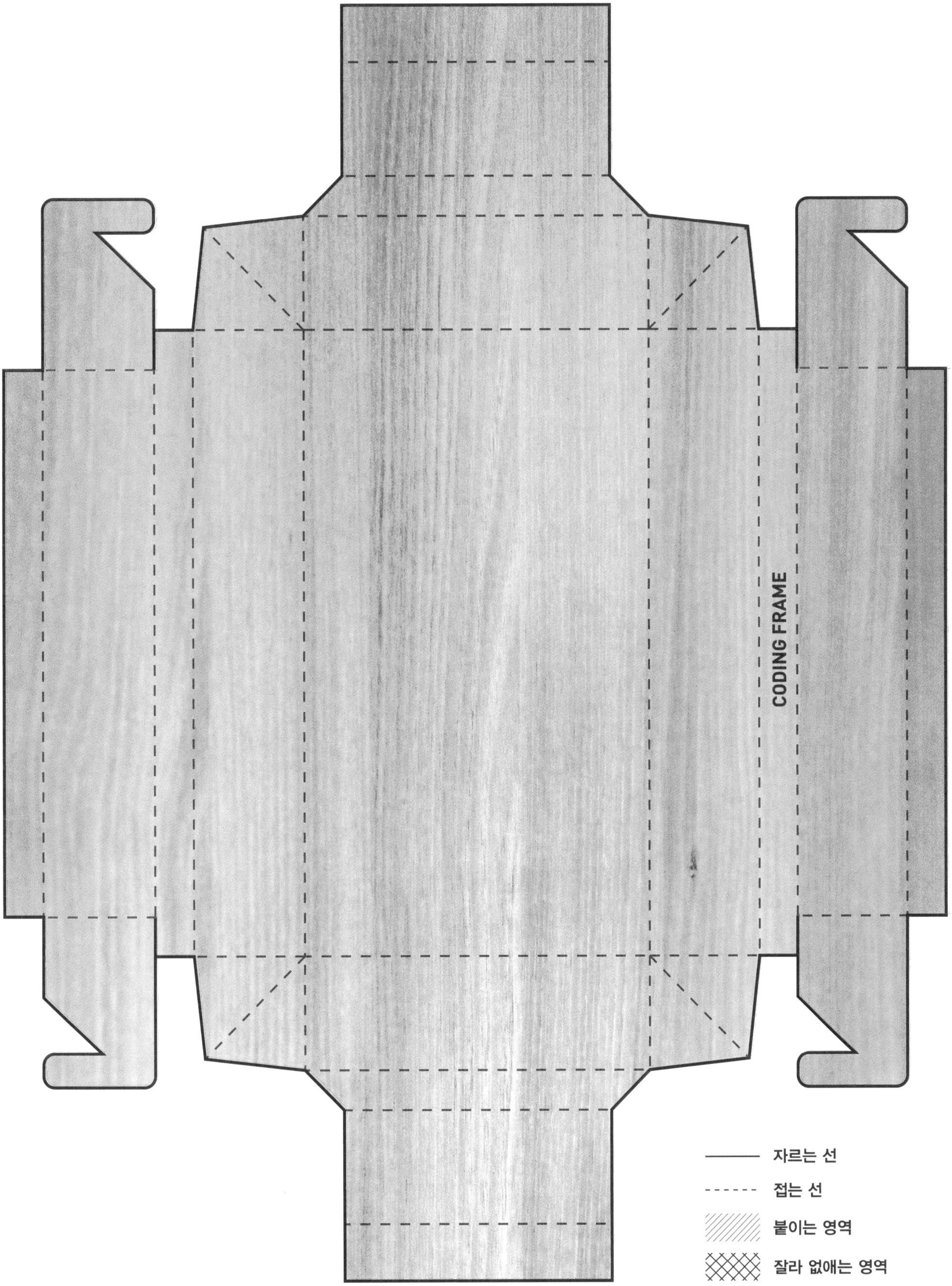
CODING FRAME
자르는 선
접는 선
붙이는 영역
잘라 없애는 영역

자르는 선

접는 선

붙이는 영역

잘라 없애는 영역

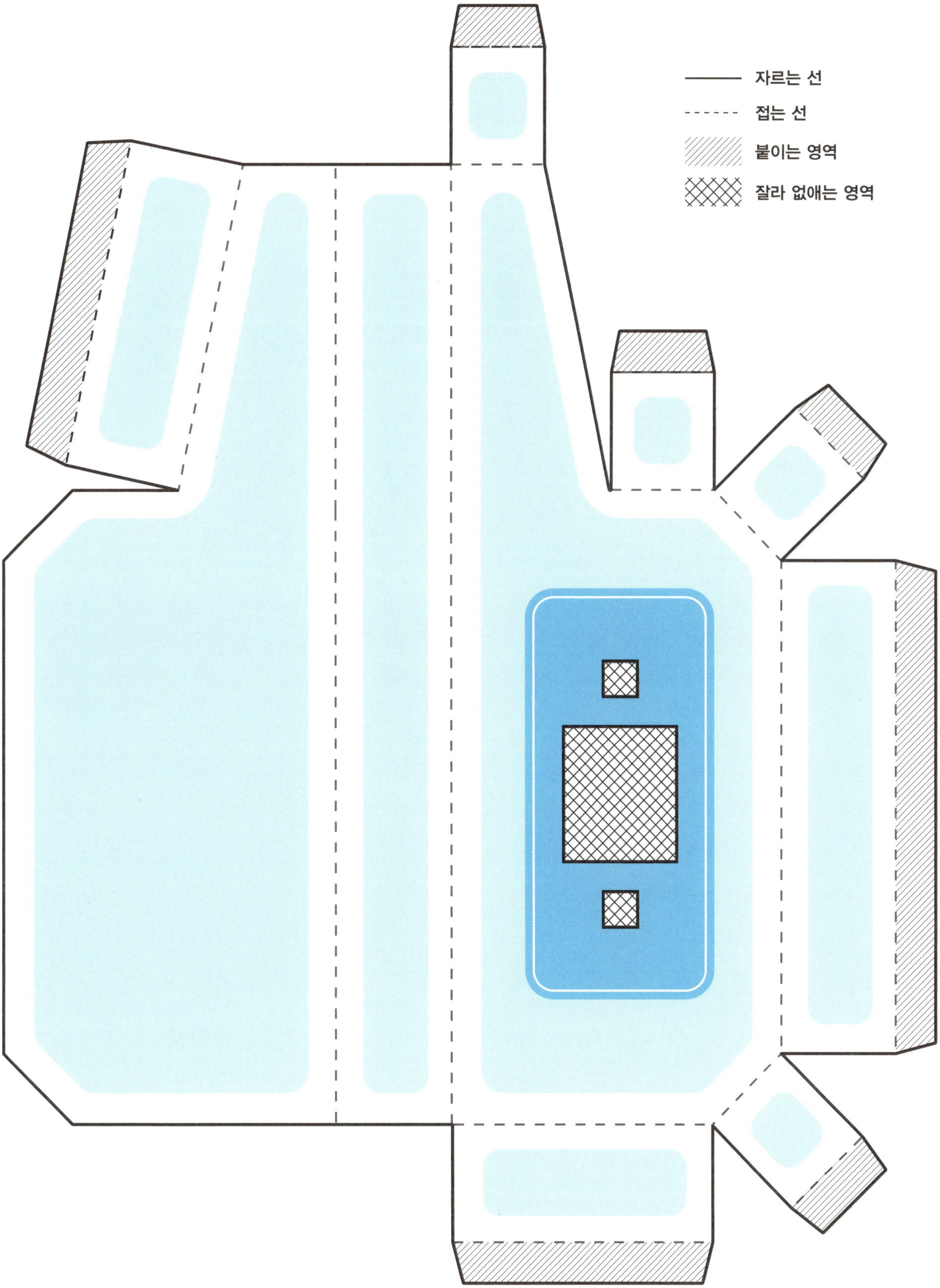
자르는 선
접는 선
붙이는 영역
잘라 없애는 영역

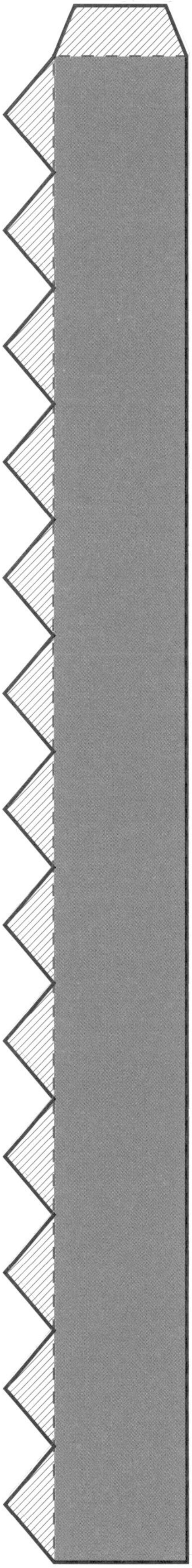

나침반
옆면

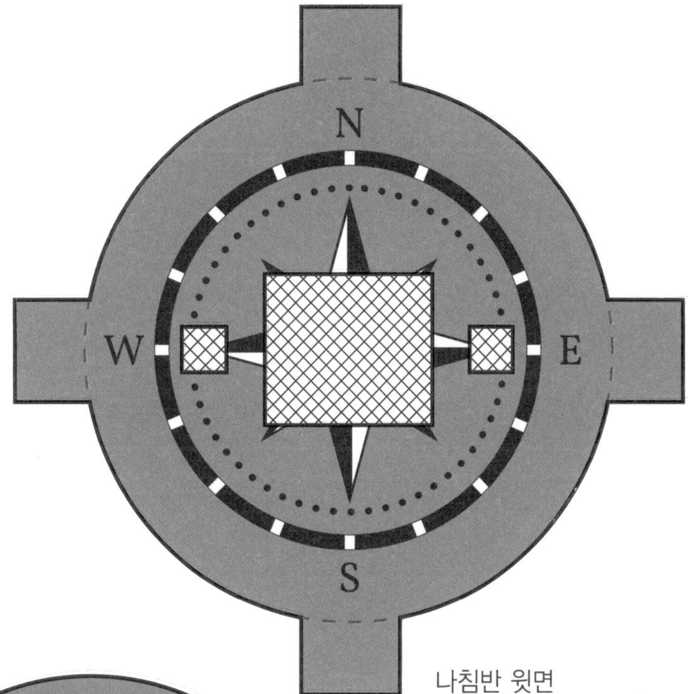

나침반 윗면

나침반 바닥면

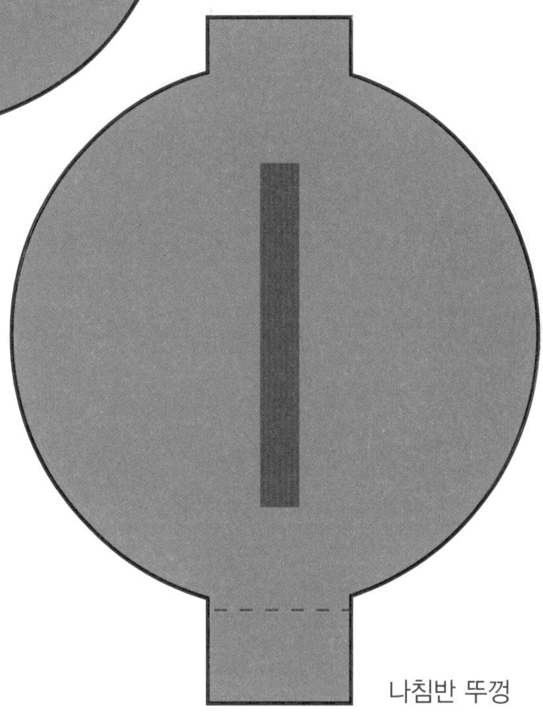

나침반 뚜껑

——— 자르는 선

- - - - - 접는 선

(빗금) 붙이는 영역

(격자) 잘라 없애는 영역

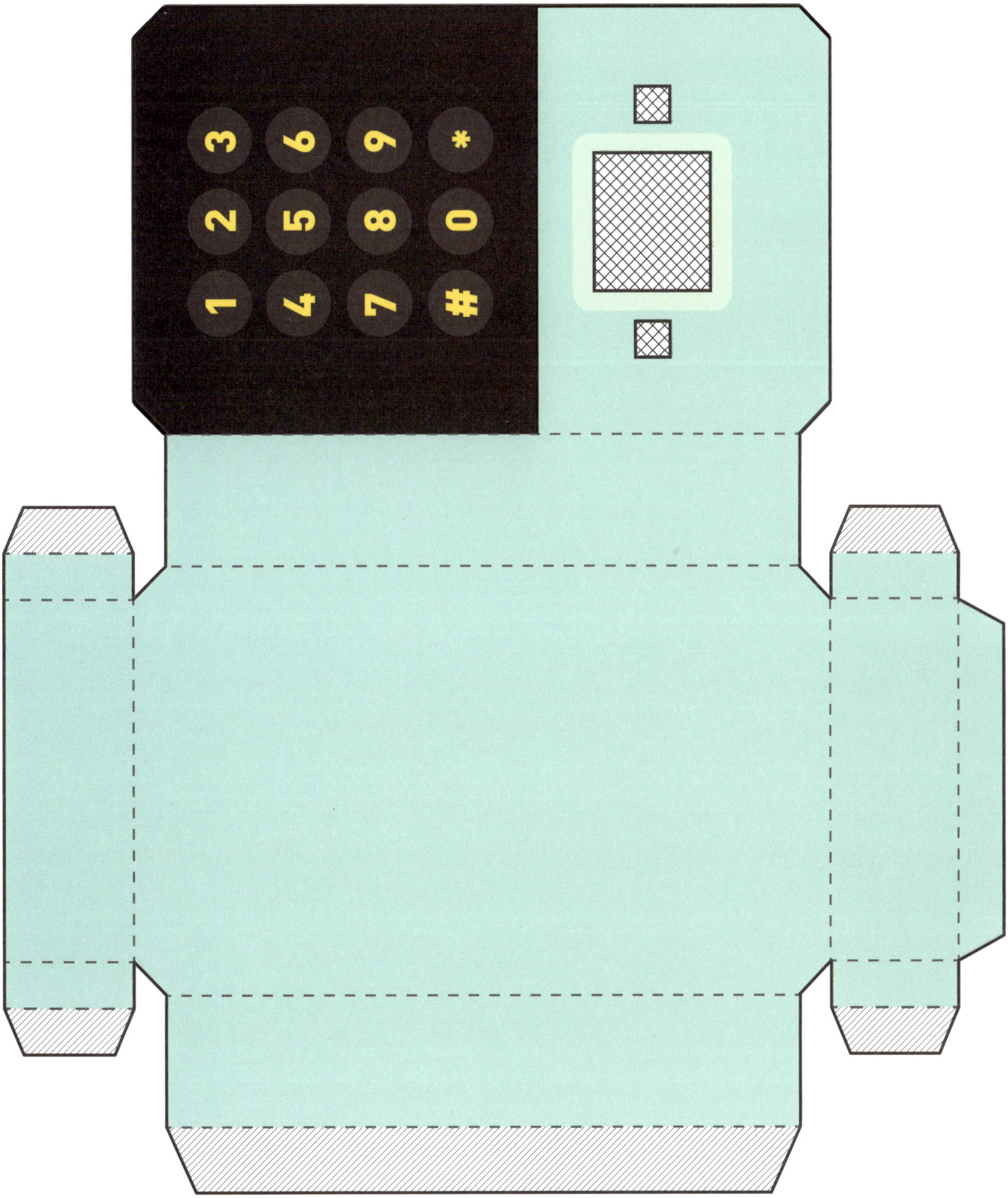

자르는 선

접는 선

붙이는 영역

잘라 없애는 영역

시계 줄

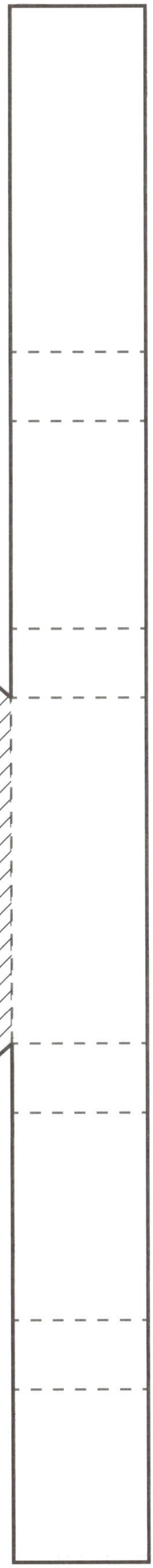

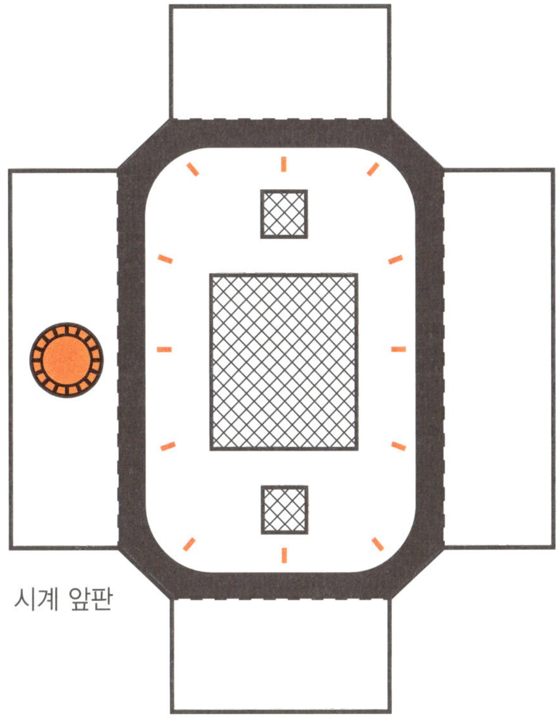

시계 앞판

자르는 선

접는 선

붙이는 영역

잘라 없애는 영역